회사 없는
세계에서
살아남기

회사 없는 세계에서 살아남기

2025년 08월 13일 초판 01쇄 인쇄
2025년 08월 22일 초판 01쇄 발행

지은이 부아c

발행인 이규상 편집인 임현숙
편집장 김은영 책임마케팅 윤선애
콘텐츠사업팀 강정민 정윤정 오희라 박윤하 윤선애
디자인팀 최희민 두형주
채널 및 제작 관리 이순복 회계 김하나

펴낸곳 (주)백도씨
출판등록 제2012-000170호(2007년 6월 22일)
주소 03044 서울시 종로구 효자로7길 23, 3층(통의동 7-33)
전화 02 3443 0311(편집) 02 3012 0117(마케팅) 팩스 02 3012 3010
이메일 book@100doci.com(편집·원고 투고) valva@100doci.com(유통·사업 제휴)
블로그 blog.naver.com/100doci_ 인스타그램 @blackfish_book X @BlackfishBook

ISBN 978-89-6833-514-3 04190
     978-89-6833-513-6 (세트)
ⓒ 부아c, 2025, Printed in Korea

블랙피쉬는 (주)백도씨의 출판 브랜드입니다.
이 책은 저작권법에 따라 보호받는 저작물이므로 무단 전재와 복제를 금지하며,
이 책 내용의 전부 또는 일부를 이용하려면 반드시 저작권자와 (주)백도씨의 서면 동의를 받아야 합니다.

* 잘못된 책은 구입하신 곳에서 바꿔드립니다.

어른의 무기 시리즈

삶을 지키는 나만의 방패

회사 없는 세계에서 살아남기

부아c 지음

블랙피쉬

프롤로그

누구나
회사를
떠날 때가 온다

회사를 그만둔 지 2년이 되어 갑니다. 저는 2023년 10월, 긴 고민 끝에 퇴사를 결정했습니다. 16년간의 회사 생활, 그 안에서의 고뇌와 준비 그리고 이후에 헤쳐 나온 시간들이 누군가에게는 도움이 될 수 있겠다는 마음으로 이 책을 쓰게 되었습니다.

직장 생활 10년 차쯤부터 저는 제 존재의 의미를 잃기 시작했습니다. 누구나 아는 큰 기업, 꽤 괜찮은 부서, 적지 않은 연봉. 겉보기엔 부족할 것 없는 환경이었지만 '과연 이렇게 사는 것이 의미가 있을까?'라는 의문이 저를 지배했습니다. 회사에 대한 흥미와 열정은 이미 오래전에 사라졌고, 저는 그저 돈을 벌기 위해 하루하루를 견디고 있었습니다.

미래에 대한 불안도 컸습니다. 좋아하지 않는 일을 하더라도 미래가 보장된다면 감내할 가치가 있을지도 모릅니다. 하지만 제 경쟁력이 하루가 다르게 떨어지는 게 보였습니다. 모든 것을 걸면 승진을 계속해 결국엔 높은 자리에 오를 수도 있겠지만, 그 역시 확신할 수 없었고, 설사 이룬다 하더라도 여전히 허무할 것 같았습니다.

하지만 이런 마음을 누구에게도 털어놓을 수 없었습니다. 누군가에게는 충분히 가진 자의 배부른 고민으로 보일 수 있기 때문입니다. 세상에는 더 힘든 사람들도 있기 때문입니다.

시간이 지나며 저는 이런 생각을 하게 되었습니다. 각자의 상황은 모두 다르고, 걸어온 길도 제각각입니다. 누군가의 고민을 단지 배부른 소리라고 치부해서는 안 됩니다. 우리는 모두 각자의 무게를 안고 살아가고 있으니까요. 그 당시 저는 조언이 절실했습니다. 저에게 도움이 되는 어떤 지혜가 필요했습니다. 그러나 쉽게 찾을 수 없었습니다.

이 책은 과거의 저와 같은 고민을 하는 분들에게 드리는 책입니다. 30대, 40대, 혹은 50대, 나이대는 다르지만 누구에게나 회사를 떠나야 할 때가 옵니다. 언제가 정답인지는 알 수 없습니다. 각자의 답이 있을 뿐이겠지요.

최근 한 드라마에서 이런 대사를 들었습니다. "사랑인지 의심되면, 이미 사랑이 시작된 거다." 만약 지금 당신이 이 책을 읽고 있다면 이미 회사에 대한 마음이 떠나기 시작한 것입니다. 아니, 최소한 회사와는 별도로 자신의 미래를 준비해야겠다는 결심을 한 것입니다. 그리고 그 생각은 지극히 옳습니다. 지금부터 준비를 시작해야 합니다.

누군가는 회사 밖의 삶을 준비하는 걸 무책임하다고 말합니다. 하지만 저는 오히려 자신의 미래를 스스로 준비하지 않는 것이 진짜 무책임한 일이라고 생각합니다. 당신의 인생에서 당신은 회사보다 훨씬 더 중요한 존재입니다.

언젠가 20년간 회사를 다닌 선배가 퇴사하면서 한 말이 기억납니다. "회사는 네가 떠나도 잘 돌아간다. 그러니까 너는 너를 지켜라." 실제로 그 선배가 퇴사한 뒤, 회사는 아무 일 없다는 듯 잘 돌아갔습니다. 제가 회사를 떠났을 때도 마찬가지였습니다. 남겨진 회사나 일이 문제가 아닙니다. 남겨지는 사람이 문제입니다. 누군가는 떠나고, 누군가는 남지만, 우리 모두는 회사보다 '자기 자신'을 더 챙겨야 합니다.

저는 당신이 회사 없는 세계에서도 살아남기를 바랍니다. 그 준비를 지금부터 시작하셨으면 합니다. 이 책은 당신이 자신의 삶을 지키는 데 도움이 되는 방패가 되어 줄 것입니다. 어른의 삶을 살아가는 데 유용한 무기가 되어 줄 것입니다. 지금부터 그 여정을 저와 함께 시작해 봅시다.

차례

프롤로그 · 4

1장

회사는 왜 이토록 힘든가
회사라는 정글의 민낯

1. 회사 생활이 힘들 수밖에 없는 이유 · 13
2. 어차피 절반은 나를 싫어한다 · 17
3. 회사에서 만만한 사람으로 보이지 않을 6가지 생존 스킬 · 20
4. 40대 직장인 90%가 하는 후회 · 25
5. 매일 새벽 6시에 출근한 상무님 · 28
6. 직장 생활에서 조심해야 할 10가지 · 31
7. 내가 회사를 다니면서 포기한 5가지 · 36
8. 슬기로운 직장 생활을 위한 20가지 조언 · 41
9. 회사밖에 모르고 살다가 인생이 꼬이는 이유 · 46
10. 이런 사람이 회사에서 살아남는다 · 50
11. 직장이 괴로운 당신에게 · 54
12. 40세가 넘으면 생기는 문제들 · 58
13. 회사 나오면 아무 쓸모없는 대기업 타이틀의 슬픔 · 62
14. 무의미한 대기업 1억 연봉 · 65

2장

회사는 당신을 지켜 주지 않는다
피할 수 없는 퇴사의 현실

1. 40대 직장인이 하루빨리 깨달아야 하는 것 · 71
2. 대기업 직장인의 퇴장 시나리오 · 74
3. 43세, 소득 내리막이 시작된다 · 80
4. 견딜 만한 지옥도 결국은 지옥이다 · 84
5. 회사는 언제든 당신을 버릴 수 있다 · 87
6. 회사 생활을 잘하는 사람은 믿는 구석이 있다 · 90
7. 도망친 곳에 천국은 없다 · 93
8. 회사 생활이 부질없게 느껴지는 이유 · 98
9. 자산 격차가 벌어지기 시작하는 나이 · 102
10. 회사를 쉽게 퇴사하면 안 되는 이유 · 106
11. 대기업 팀장 친구에게 닥친 일 · 110
12. 나이 들수록 떨어지는 직장 생활 가성비 · 114

3장

회사를 떠나야 보이는 것들
직장 밖에서도 흔들리지 않는 법

1. 당신의 가치를 10배 높이는 방법 · 121
2. 퇴사 후 인맥이 끊기는 순간 찾아오는 터닝 포인트 · 124
3. 파이어족이라는 허상 · 127
4. 직장 이렇게 그만두면 망한다 · 133
5. 은퇴 후 망하게 되는 3가지 지름길 · 137
6. 퇴사 후 직면하게 되는 문제 - 대출 · 141
7. 퇴사 후 직면하게 되는 문제 - 4대 보험 · 144
8. 회사를 그만두면 어떻게 살아야 할까?
   - 4가지 경제 활동 형태에 따라 · 150
9. 절대로 나를 배신하지 않는 5가지 · 156
10. 회사 없는 세계에서 살면 생기는 3가지 자유 · 161
11. 회사 밖에서도 잘되는 사람들의 공통점 · 165
12. 당장 내가 행복해지는 삶을 살아야 한다 · 170

에필로그 · 174

1장

회사라는 정글의 민낯

회사는
왜 이토록
힘든가

1

회사 생활이
힘들 수밖에 없는 이유

프랑스의 작가 미셸 투르니에(Michel Tournier)는 말했습니다.

"일은 인간의 본성에 맞지 않다. 일을 하면 피곤해지는 것이 그 증거이다."

구석기 시대에 인간은 무리를 지어 사냥했는데, 사냥을 하고 남은 대부분의 시간은 노는 데 사용했습니다. 이 시대에 인간은 평균 3시간을 일하는 데 썼다고 합니다. 사실 구석기인들에게는 그 3시간도 놀이에 가까웠을지 모릅니다. 사냥은 농사를 짓거나 공장에서 기계를 돌리는 것보다 자기 주도적이고 즐겁습니다.

신석기 시대 이후에는 농사가 발전했습니다. 세계적

인 석학이자 《사피엔스》의 저자 유발 하라리(Yuval Noah Harari)는 농업혁명이 인류 최대의 사기극이라고 했습니다. 인간은 농사를 하면서 매일 일을 하고 걱정을 하는 인간으로 바뀝니다. 토지를 관리하며 기후와 병충해를 살펴야 하기 때문입니다. 이 시대에 인간은 평균 3시간을 놀고 남은 시간은 일하는 데 사용했다고 합니다.

근대에 들어오면서 산업이 발전했습니다. 인간은 기계와 함께 일하게 되었습니다. 컨베이어 벨트를 관리하면서 단순 반복 업무를 수행했습니다. 어떤 계층은 노는 시간도, 쉬는 시간도 없이 온종일 일만 하기도 했습니다.

시대의 흐름에 따라 인간의 놀이는 점점 줄어들고 일은 점점 늘어났습니다. 인간은 점점 행복해지고 있나요? 불행해지고 있나요?

현대인의 스트레스는 대부분 일에서 비롯됩니다. 많은 이들이 욜로(YOLO)와 파이어(FIRE)를 외치는 이유는, 욜로를 통해 지금 당장 일에서 일시적으로 벗어나고, 파이어를 통해 최대한 빨리 일에서 영원히 벗어나기 위함입니다. 인간은 본능적으로 노는 것을 좋아합니다. 즉, 호모 루덴스(Homo ludens, 놀이하는 인간)입니다. 인간은 일을 하기 위해서 태어난 것이 아니라 놀기 위해서 태어난 것입니다.

그렇다면 우리는 어떻게 살아야 할까요? 우리가 행복하기 위해서는 '놀면서 돈 버는 것'이 최고입니다. 구석기인들에게 사냥이 놀이였던 것처럼요.

물론 누군가는 이런 이야기를 할지도 모릅니다. "누가 그걸 몰라? 돈을 벌기 위해서 어쩔 수 없이 일하는 거지." 일은 원래 힘든 것이고, 일자리를 구하는 것도 어려운데 좋아하는 일을 찾으라니, 배부른 소리라고, 팔자 좋은 소리라고 할 수 있습니다.

그런데 (많지는 않지만) 그런 사람들이 있습니다. 일과 놀이에 구분이 없는 사람들, 월요일을 기다리는 사람들, 쉬는 것보다 일하는 게 좋다는 사람들.

그렇지 않다면 이미 하고 있는 일을 놀이처럼 만들어야 하는데 그건 훨씬 어렵습니다. 그래서 직업 선택에 있어 자신의 흥미와 적성을 적극적으로 고려해야 합니다. 그걸 놓치면 우리는 계속해서 일에서 도망치고 싶을 것입니다.

과거에 저도 그랬습니다. 마포대교를 건너며 교통사고가 나서 몇 달을 쉬고 싶다는 생각도 했고, 해외로 훌쩍 떠나 버리고 싶은 순간도 있었습니다. 아직도 제 컴퓨터에는 당시에 쓴 몇 년짜리 아프리카 봉사 캠프 지원서가 남아 있습니다.

하지만 저는 지난 10년 동안 삶의 궤도를 바꾸었습니다. 지속적으로 싫어하는 일을 즐거운 일로 바꾸어 왔습니다. 회사에서도 에너지가 덜 소진되는 부서로 옮기며 일했고, 지금은 회사를 그만두고 제가 좋아하는 일을 하며 지냅니다.

미래가 어떻게 될지는 정확히 알 수 없지만, 지금은 하루하루가 예전보다 즐겁습니다. 호모 루덴스의 삶을 살게 되어서 그렇습니다. 당신의 삶에도 즐거움이 더해지길 바랍니다. 회사를 다니면서 이런 생각을 해 보는 것, 그게 바로 미래를 준비하는 첫걸음입니다.

2

어차피 절반은 나를 싫어한다

회사를 다니면서 저를 가장 힘들게 했던 것은 '인간관계'였습니다. 인격 모독을 하는 상사가 싫었습니다. 자신의 이득을 위해서 남을 괴롭히는 동료도 싫었습니다. 약자에게 강하고 강자에게 약한 선배도 싫었습니다. 삼삼오오 모여 뒷담화를 즐기며, 비방 등으로 묵묵히 일하는 동료를 끌어내리려는 사람도 싫었습니다. (물론 저도 누군가에게 그런 사람이었을 수 있습니다.)

선배 한 명이 특히 싫었습니다. 그 선배의 마음에 들기 위해서 몇 년을 노력했습니다. 자주 함께 일을 해야 하는 선배라서 관계가 좋지 않은 것이 직장 생활을 참 힘들게 만들었기 때문입니다. 하지만 아무리 노력해도 관계는 좋아지지 않았습니다. 아니, 더 나빠진 것 같기도 합니다. 그는 언제나 저를 끌어내려야 하는 존재로 생각했던 것 같습니다.

일 자체가 사람을 그렇게 힘들게 만들지는 않습니다. 대부분의 어려움은 인간관계에서 비롯됩니다. 나의 성공을 시기·질투하는 부류는 어디나 있고, 그냥 나와 결이 다른 사람도 많습니다. 그런데 생각해 보면 내가 괴로웠던 건 그들 모두와 잘 지내려고 했기 때문입니다. 사실 그럴 필요가 없었습니다. 모두에게 사랑받으려면 내가 너무 힘들어집니다. 게다가 모두에게 사랑받는 것은 불가능한 일이기도 합니다.

어느 순간 마음을 바꾸었습니다. 두 명 중에 한 명만 내 편을 만들기로요. 나와 결이 맞는 사람, 생각이 비슷한 사람 등 절반만 말이에요. 그 선배가 날 좋아하지 않아도 관계없다고 생각하고 마음에서 놓아 버린 이후, 회사 생활이 더 편해졌습니다.

전체 중 절반만 나의 편이어도 좋다는 마인드로 회사 생활을 하니 괴로워할 일이 줄어들었습니다. 세상이 원래 그런 것이니까, 모두 나와 같지는 않으니까, 나를 싫어하는 사람은 내가 친할 필요 없는 절반에 속하는 사람이니까.

온라인에서도 마찬가지입니다. 워낙 여러 가지 활동을 하다 보니(블로그, 인스타, 브런치 등) 가끔 악플이 달립니다. 그런 글을 보면 기분이 썩 좋지 않습니다. 이게 당연한 반응이고요. 그런데 생각해 보면 내가 기분이 나쁜 건, 이 또한 모든 사람이 내 글을 좋아해 줬으면 하는 마음에서 비롯된다는 것입니다. 그럴 필요가 없는데 말이에요.

그래서 악플에 반응할 시간에, 소중한 시간을 내어 제 글을 읽고 공감하고 자신의 생각을 나누어 주는 이들에게 시간을 할애합니다. 저는 제 생각을 온라인 공간에 꾸준히 쓰면서 저와 생각이 비슷한 사람들을 끌어당깁니다. 그것이 제가 온라인 글쓰기를 하는 마인드입니다.

우리는 세상 모든 사람에게 사랑받을 수 없습니다. 이는 직장에서도 마찬가지입니다. 내가 아는 절반에게 사랑받으면 그것으로 이미 큰 성공입니다. 그런 마음가짐으로 직장 생활을 한다면 조금은 덜 괴롭고, 조금은 더 편안한 마음을 가질 수 있을 것입니다.

3

회사에서
만만한 사람으로 보이지 않을
6가지 생존 스킬

저는 좋은 사람이 되려고 노력하는 편입니다.

그런데 좋은 사람이 되려고 하다가 만만한 사람이 된 경험, 있지 않나요? 저는 '만만하게 보이지 않으려면 내가 나쁜 사람이 되어야 하나?' 고민한 적도 많습니다. 지금부터 좋은 사람이 되면서도 쉬운 사람으로 보이지 않는, 즉 '만만하게 보이지 않는 6가지 방법'을 이야기해 보겠습니다.

미리 고백하자면, 저는 회사에 다니는 동안 좋은 사람이자 약간은 만만한 사람이었던 것 같습니다. 그래서 제가 오랫동안 지켜본 만만하게 보이지 않는 사람들의 특징을 토대로 말씀드립니다.

1. 말을 너무 많이 하지 않는다

살면서 말이 정말 많은 사람을 본 적 있지 않나요? 그런데 말이 많으면 실수를 하게 됩니다. 말이 많으면 실없는 사람으로 보일 수도 있고요. 말이 많으면 행동이 느릴 수도 있습니다. 말이 많으면 타인을 배려하지 않는 인상을 줄 수도 있습니다. 결정적으로 말이 많으면 말의 무게가 떨어지게 됩니다. 제가 회사에서 본 만만하지 않은 사람들은 대부분 말수가 적었습니다. 자신에게 꼭 필요한 말을 꼭 필요한 순간에 합니다. 그럴 때 말에 무게가 실리더군요.

반대로 평소에 말이 많은 사람이 말하면 대부분 '또 저러는구나' 정도로 생각합니다. 혹시 자신이 말을 너무 많이 하고 있지는 않은지 되돌아보기 바랍니다.

2. 너무 겸손하면 안 된다

겸손이 몸에 배어 있는 사람이 있습니다. "아이고, 아니에요. 덕분이죠." 늘 이렇게 공을 타인에게 돌리는데, 우리는 어릴 때부터 이게 미덕이라고 배워 왔지요. 그런데 오늘날에는 이런 자세가 조금 맞지 않다는 생각이 듭니다. 자기 홍보가 중요한 시대에 매사 나를 낮추고 남을 높이다 보면 만만한 사람으로 보이기 쉽습니다. 저는 현명하게 자신을 높이는 모습이 보기 좋더라고요. "제가 잘한다고요? 저도 알아요. 그래도 아직 부족하죠." 정도의 자랑과 겸손이 섞인 느낌은 어떤가요? 당당하고 자신 있어 보이지 않나요?

회사에서도 적당한 시점에 적절히 자신의 성과를 자랑해야 합니다. 자신을 당당하게 내보이는 사람을 만만하게 보기는 힘들죠. 내가 나를 낮게 보면 당연히 타인도 나를 낮게 볼 것입니다.

3. 감정을 있는 그대로 내보이지 않는다

사람들은 감정을 쉽게 내보이는 사람을 만만하게 봅니다. 예를 들어, 주식이 오르면 온종일 싱글벙글하고, 일하다 실수하면 땅이 꺼져라 한숨만 쉬고, 그렇게 감정을 투명하게 드러내는 사람은 주변 사람들이 만만하게 보기 쉽습니다.

반대로 포커페이스라고 하죠. 우리는 감정을 드러내지 않는 사람을 어려워합니다. 표정만 보고 파악할 수 없으니 그 사람의 말과 태도 등을 신경 쓰게 되지요. 기분을 훤히 드러내는 사람은 마치 알몸으로 다니는 것과 같습니다.

4. 자세를 바르게 한다

바닷가재는 싸울 때 꼿꼿이 서서 자신의 몸집을 최대한 크게 보이려고 합니다. 캥거루 같은 동물도 마찬가지죠. 우리도 다른 사람에게 자신을 크고 당당하게 내보일 필요가 있습니다. 허리와 어깨를 펴고, 고개를 들고, 자신감 있는 미소를 머금고.

그런데 반대로 하는 사람들이 있죠. '아, 회사 가기 싫어' 하며 고개를 떨구고, 표정은 어둡고, 힘없이 인사하고. 이런 사람은 만만한 것을 넘어서 부정적인 사람, 병약한 사람으로 보일 수 있습니다. 몸을 반듯이 하고, 고개를 들어요. (이 글을 읽고 있는 지금부터 말이에요.)

5. 목소리가 중요하다

너무 빠르게 말하면 듣는 사람이 불안함을 느낄 수 있습니다. 너무 느리게 말하면 어눌한 모습에 조금 모자라 보인다고 생각할 수 있겠죠. 목소리 톤이 너무 높으면 가벼워 보일 수 있습니다. 반대로 톤이 너무 낮으면 무섭게 느껴질 수 있고요.

지금까지 제가 본 대부분의 권위 있는 사람들은 목소리를 잘 다루었습니다. 너무 빠르지도, 너무 느리지도, 톤이 너무 높지도, 너무 낮지도 않게 말을 했어요. 중요한 이야기를 할 때는 조금 느리고 낮게 이야기하는 등 상황에 맞게 조절하면서요.

6. 누군가 선을 넘었을 때 제대로 반응해야 한다

상사든 선배든 관계를 떠나서 선을 넘으면 이야기해야 합니다. 영화 〈독전〉에서 차승원이 말하죠. "지금 선을 넘고 계시네요." 우리도 표현해야 합니다. 반응하지 않으면 상대는 자꾸 선을 넘어오게 됩니다. 가장 좋은 방법은 입을 굳게 다물고 상대방을 응시하는 것입니다. 이렇게만 해도 상대는 움찔할 거예요. 사람들은 침묵에 약하거든요.

만만한 사람이 되면 손해 보는 일이 너무 많습니다. 지금까지 얘기한 6가지를 잘 기억하고 실천하면, 좋은 사람이 되면서 동시에 만만하지 않은 사람이 될 수 있을 것입니다.

40대 직장인 90%가 하는 후회

이 글을 읽는 분은 40대, 혹은 마혼을 앞둔 30대거나 쉰에 다가가는 나이일지도 모르겠습니다. 여기에서는 제 친구들과 직장 동료들을 보면서 느낀 40대 직장인의 공통적인 후회를 이야기해 보려 합니다.

제 주변에는 소위 잘나가는 사람이 많습니다. 돈 많이 버는 중소기업 사장, 의사, 변호사도 있고, 금수저 출신도 있고, 사회에서 꽤 잘나가는 분들이 많습니다. 하지만 이분들도 후회를 합니다. 더 많이 버는 일을 할걸, 덜 바쁜 일을 할걸, 이런 것도 중요하지만 그보다 더 근원적인 이야기입니다. 바로 '재미'입니다. 이들의 가장 큰 불만은 내가 싫어하는 일 혹은 별로 좋아하지 않는 일을 한다는 것입니다. 돈을 많이 벌어도 그 일에서 전혀 재미를 못 느끼면 어떻게 될까요? 그냥 돈 때문에 하는 겁니다. 그런데 정작 자신은 돈 쓸 일도 돈 쓸 시간도 거의 없고, 매일매일이 재미없고 피곤하기만 하면 행복이란 말이 떠오를 리 없겠죠.

'먹고살기 바쁜데 재미는 무슨 재미?'라고 생각할 수도 있겠습니다. 그런데 생각해 보세요. 우리가 언제부터 재미를 잊고 살았는지. 아마 중학교 이후부터 경쟁에 내몰리고, 생존에 허덕이면서 재미를 하나둘 잊었을 것입니다.

요새 하루에 몇 번 웃나요? 어린아이는 하루에 수백 번 웃죠. 어른은 열 번도 안 웃을 겁니다. 그만큼 우리는 재미없는 일상을 살아갑니다. 재미있는 놀이를 찾으라는 말이 아닙니다. 내 일에서부터 재미를 느껴야 한다는 것이죠.

제가 보았을 때 대부분의 직장인은 큰 차이 없이 비슷합니다. 돈을 얼마 벌든, 결국 이 일이 의미가 있느냐, 최소한의 재미가 있느냐가 차이를 짓습니다.

제 주변에는 작가도 많은데요. 제가 만난 책 작가, 웹툰 작가, 웹소설 작가들은 대체로 행복합니다. 돈은 직장인보다 못 버는 경우도 있고 잘 버는 경우도 있는데, 자기가 좋아하는 일을 하니까 행복합니다. 저도 마찬가지고요. 이 삶이 좋아요. 행복합니다.

저는 좋아하는 일을 적극적으로 찾아야 한다고 봅니다. 물론 지금 당장 찾기는 어렵겠죠. 시간이 걸리는 일입니다. 준비도 필요하고요. 그러니까 준비를 준비해야 합니다. 찾겠다는 마음가짐을 가지는 것을 시작으로요.

결국 인간은 살아가는 의미가 있어야 합니다. 그 의미에서 저는 재미가 중요하다고 생각해요. 재미있는 일을 해야 즐겁고, 잘할 수 있고, 가장 중요하게는 내가 행복할 수 있습니다. 지금 하는 일에서 재미 찾기, 없다면 재미있는 일을 찾아보기, 찾는 것을 포기하지 않기, 이를 꼭 기억하면 좋겠습니다.

5

매일 새벽 6시에 출근한 상무님

제가 회사에서 가장 존경했던 상무님은 매일 아침 6시에 출근하셨습니다. 저는 그 시간에 출근한 적이 없습니다. 빨리 해 봤자 7시 30분 정도였지요. 아침형 인간이 아닐뿐더러 회사에 일찍 가야겠다고 생각해 본 적도 별로 없었습니다. 그래서 대부분 출근 시간인 8시에서 10분 정도 앞서 출근했습니다. 정각에 딱 맞춰 출근하는 것은 아무래도 눈치가 조금 보이더군요.

어느 날, 코엑스에서 전시회가 있었습니다. 9시부터 시작인데 그 전에 빠르게 정리해야 했죠. 아침 6시가 조금 넘은 시각에 사무실에 들어갔는데, 15층 상무님 방에서 클래식이 흘러나오고 있었습니다. 조심스레 다가가서 보니 상무님은 책상에서 독서 중이었습니다. 제가 온 줄도 모르고 몰두해 계시더군요. 조용히 짐을 챙겨 사무실을 나왔습니다.

이후에 상무님과 술자리에서 나란히 앉게 되었습니다. 갑자기 그때 일이 생각나서 상무님에게 물어보았습니다. 굉장히 일찍 출근하시던데 보통 무엇을 하시는지 하고요. 상무님은 웃으며 대답했습니다. 새벽 운동을 갔다가 6시에 사무실에 와서 1시간 동안 책을 읽고, 7시부터는 이메일을 확인·응대한 후, 8시부터 본격 근무를 시작한다고 했습니다. (대체 몇 시에 기상하는 걸까요?)

이어서 상무님은 아무리 바빠도 놓치지 않으려고 노력하는 3가지를 알려 주었습니다.

1) 내 몸 챙기기, 2) 내 머리 챙기기, 3) 회사 동료 챙기기 (다른 말로 평판 관리라고 할 수도 있겠네요.)

저는 그날 자기 관리의 끝판왕을 본 것 같았습니다.

다들 바쁘다고 합니다. 안 바쁘다고 하는 사람이 없지요. 그런데 다른 사람의 시간 없다는 말을 핑계로 만들 만큼 시간을 알차게 활용하는 사람들이 있습니다. 제가 본 회사원 가운데는 단연 그 상무님이 가장 바빴습니다. 미팅도 15분 단위로 쪼개서 하고, 술자리에서도 같이하는 사람들을 두루두루 챙기던 모습이 생생합니다. 상무님을 생각하면 시간도 각자 만들기 나름이라는 생각이 듭니다.

상무님은 몇 년 뒤에 한 주요 국가의 CEO로 발령을 받았고, 지금은 또 다른 국가에서 CEO가 되었습니다. 그는 지금까지 제가 만난 사람 중 글로벌 기업에서 가장 성공한 한국인입니다.

제가 하고 싶은 말은 이렇게 일해야 한다는 것이 아닙니다. 직장인으로서 더 높은 자리를 원하든 다른 일을 꿈꾸든, 어떤 삶이든 원칙을 정하고 몰입하고 최선을 다하는 사람이 프로라는 것입니다.

6

직장 생활에서 조심해야 할 10가지

저의 직장 생활을 되돌아보면서 간추린 내용입니다. 시대는 계속해서 변한다는 점 그리고 저의 주관적인 생각이라는 점을 감안하고 읽어 주세요. 이 10가지는 대부분 제가 노력했지만 잘하지는 못했던 것입니다.

1. 사적인 말을 삼간다

매일 만나다 보니 사적인 이야기를 하게 되는 때가 있습니다. 사적인 이야기를 아예 하지 않는 건 어렵겠지만, 많이 할 필요는 없습니다. 내가 잘된 것은 질투나 시기의 대상이 되고, 내가 안된 것은 술자리 안주로 쓰일 수 있습니다.

2. 내 약점은 타인의 무기가 된다

1번과 비슷한 맥락인데, 특히 약점은 먼저 말할 필요가 없습니다. 위로를 받고자 하는 마음에, 공감을 얻고자 하는 마음에 내 약점을 먼저 내보이는 일이 있습니다. 이런 이야기는 쉽게 퍼지고, 누군가에게는 나를 공격하는 무기가 되기도 합니다.

3. 정치로 흥한 자 정치로 망한다

흔히 줄을 탄다고 표현하죠? 어떤 줄을 타면 고과도 좋고 승진도 빠를 수 있습니다. 하지만 직장에서 일이 아니라 정치로 승부하는 경우, 한순간에 설 자리를 잃을 수 있습니다. 꼭대기가 바뀌면 그 아래도 한꺼번에 내쳐지는 것이 사내 정치의 말로입니다.

4. 민감한 이슈로 대화하지 않는다

정치, 종교 등에 대한 이야기를 조심하세요. 이런 주제에 대한 나의 생각을 적극적으로 드러내지 마세요. 반대되는 생각을 가진 누군가에게 평생의 적이 될 수 있습니다. 민감한 이슈를 건드리는 것은 적을 만드는 행위입니다.

5. 말이 많으면 실수를 하게 된다

말이 많으면 반드시 실수를 하게 됩니다. 직장은 학교가 아니고, 동료는 친구가 아닙니다. 내가 무심코 뱉은 말 한마디가 누군가의 기억이 되고, 다시 말하지만 누군가의 무기가 되기도 합니다. 직장에서는 불필요한 말을 하지 않는 것이 나를 지키는 방법입니다.

6. 뒷담화는 결국 귀에 들어간다

세상에 비밀은 없습니다. 누군가에 대한 뒷담화는 반드시 그 사람의 귀에 들어가게 되어 있습니다. 뒷담화를 시작하거나 뒷담화에 동조하지 마십시오. 이 또한 적을 만드는 행위입니다.

7. 직장 동료는 친구가 아니다

오랜 시간 함께하다 보니 직장 동료가 친구로 착각될 때가 있습니다. 그래서 퇴근 후에 술잔을 기울이기도 하고, 주말에 만나거나 함께 여행을 가기도 합니다. 힘든 직장 생활에 마음 맞는 동료는 힘이 됩니다. 하지만 일로 엮인 관계는 일이 끝나는 순간 사라지기 쉽습니다. 너무 큰 의미를 부여할 필요가 없습니다.

8. 기분이 태도가 되면 안 된다

기분이 좋으면 상냥해지고, 기분이 안 좋으면 퉁명스러워지는 사람이 있습니다. 자기 기분에 따라 태도가 달라지는 사람들이 있지요. 이런 사람은 믿을 수 없는 사람입니다. 신뢰를 주는 사람은 자신의 기분을 다스릴 수 있고, 늘 일정한 태도와 자세로 말하는 사람입니다.

9. 인사를 소홀히 하지 말자

매일 만나는데 굳이 인사를 열심히 해야 할까 하는 생각이 들 수 있습니다. 아침에 만나서 했는데, 오후에 보면 또 인사를 해야 하나 이런 생각도 들 수 있습니다. 네, 하는 게 좋습니다. 인사는 타인에게 나를 긍정적으로 인식시키는 가장 쉬운 도구입니다.

10. 절대 지각하지 않는다

직장 생활에서 지켜야 할 제1원칙은 지각을 하지 않는 것입니다. 반대로 직장에 빨리 오는 사람은 큰 점수를 받을 수 있습니다. 하루의 시작은 온종일 각인이 됩니다. 일찍 오고 여유 있게 일하는 사람은 늦게 오고 정신없이 일하는 사람보다 더 성실한 사람으로 인식되기 쉽습니다. 직장 생활에서 지각은 최악의 습관입니다.

7

내가 회사를 다니면서 포기한 5가지

 흔히 포기는 나쁜 거라고 생각합니다. 우리는 '포기하지 마라'라는 말을 계속해서 듣지요. 하지만 살다 보면 포기해야 하는 일들도 생깁니다. 저 역시 마찬가지인데요. 제가 직장 생활을 하면서 포기한 5가지가 떠오릅니다. 당시에는 포기하기까지 힘들었는데, 포기하니까 더 많은 것들이 보이고 기회가 생기기도 했습니다. 하나씩 이야기해 볼게요.

1. 첫 번째 포기, 회식

 회식 포기? 그게 무슨 포기냐고 할 수 있겠지만, 그 당시 저에게는 꽤 어려운 일이었습니다. 저희 팀이 20명, 그중 남자가 15명 정도였습니다. 가끔 팀장이나 부장이 저녁에 술을 먹자고 합니다. 거기에 연속해서 빠지면 상사의 눈 밖에 나고 진급에서 불이익을 받을 수 있습니다. 회식에 빠진 다음 날에 팀장이나 부장이 말합니다. "회식 빠지니까 좋냐?" 유치하게 이렇게 말하는 사람이 있을까 싶은데, 실제로 참 많았습니다.

그런데 저는 왜 회식을 포기했을까요? 회사 밖에서도 저의 역량을 키우기 위해서입니다. 회사, 회식, 집만 반복하던 삶에서 벗어나고 싶었어요. 퇴근 후에 다른 공부를 시작했습니다.

2. 두 번째 포기, 점심

본부장이 참여할 때도 있고, 다른 부서와 같이 먹을 때도 있지만, 보통 점심을 함께하는 같은 부서 사람들이 있었습니다. 밥을 먹으면서 매일 비슷한 이야기가 오갔고, 언젠가부터 이 시간이 참 아까웠습니다. 그래서 점심 대신 수영을 택했습니다. 저와 비슷한 생각을 가진 2~3명의 부서원과 함께 운동을 다니기도 했고, 가끔씩은 점심 먹는 데 합류하기도 하였습니다. 평소 운동량이 부족한 저에게 이 시간은 큰 도움이 되었습니다.

3. 세 번째 포기, 승진

회사에 나의 모든 것을 갈아 넣는 것을 포기했습니다. 회사는 제가 나아갈 길이 아니라고 판단했고, 언젠가는 떠나야 한다고 생각했어요. 그렇게 결심하니 굳이 본사에 있을 필요가 없어졌습니다. 미팅도 많고, 회식도 잦고 여러모로 여유가 없었죠. 그래서 지방 근무를 지원했고, 마지막 회사 생활 5년 정도를 지방에서 했습니다. 그런 저를 주변 사람들은 이해하지 못했습니다.

하지만 이로 인해 저는 자유 시간을 얻었습니다. 야근과 술자리도 줄고, 출퇴근 시간도 반으로 줄었습니다. 일을 대충대충 한 건 절대 아니고요. 업무 시간 외의 시간을 재테크, 글쓰기에 활용하며 제2의 삶을 준비했습니다.

4. 네 번째 포기, 평판

2022년에 1년 동안 육아휴직을 하고 캐나다 밴쿠버에 다녀왔습니다. 아이들과 추억을 만들고, 온 가족이 서양 문화를 제대로 즐기고 왔습니다. 물론 돈은 많이 들었습니다. 생각보다 더 많이 들었어요. 하지만 돈보다 값진 경험도 있기 마련이지요. 이때의 추억이 지금도 저에게 좋은 영향을 줍니다. 작가의 삶을 사는 데 영감을 제공해 주고 있거든요.

저는 부서에서 첫 번째 남자 육아휴직자였습니다. 얼마나 따가운 시선이 꽂혔을까요? 저로서는 고과도 승진도 주변의 시선과 평판도 다 포기한 결정이었습니다. 대신 캐나다에서 가족과의 온전한 1년을 얻을 수 있었지요.

5. 다섯 번째 포기, 회사

저는 16년 다닌 회사에서 희망퇴직을 했습니다. 준비는 했지만 두려웠습니다. 하지만 하나를 잃어야 하나를 얻을 수 있습니다. 어쩌면 저는 희망퇴직을 기다렸는지도 모릅니다. 사실은 제가 먼저 회사를 포기했고, 그 뒤에 희망퇴직을 신청한 것이지요. 이로써 저는 회사원의 삶을 중단하고 새로운 단계로 나아갈 수 있었습니다. 지금은 베스트셀러 작가이자 콘텐츠 크리에이터로 회사 다닐 때 이상의 돈을 벌고 있습니다. 무엇보다 내가 좋아하는 일을 하면서, 포기해야 하는 것들이 거의 없는 삶을 살고 있어서 좋습니다.

제가 좋아하는 말입니다. '익숙한 곳에서 멀어져야 새로운 곳에 닿을 수 있다.'

여러 가지 고민이 여러분을 에워싸고 있을지 모릅니다. 물론 제가 말하는 것이 정답은 아니고, 이렇게 사는 사람도 있는 것입니다. 조금씩 회사와 멀어질 준비를 하는 사람들이 있는 것입니다. 저는 하나의 예시일 뿐입니다.

무언가를 포기하는 것은 참 어렵습니다. 하지만 확실한 것은 하나를 포기하면 또 다른 무언가가 생긴다는 것입니다. 그러니 포기를 고민할 때 너무 힘들어하지 마세요. 포기하면 또 다른 길이 보일 것입니다. 당신에게도 당신을 위한 길이 있을 것입니다.

8
슬기로운 직장 생활을 위한 20가지 조언

지난날을 되돌아보면, 저는 직장 생활을 그리 잘한 편은 아니었습니다. 만약 직장에 다닐 때로 다시 돌아간다면 다르게 행동할 것 같은 20가지를 꼽아서 정리해 보았습니다. 지금 회사를 다니고 있는 분들이 생활하는 데 조금이나마 도움이 되길 바랍니다.

❶ 어떤 회사를 다닌다고 말하는 사람이 아니라, 어떤 일을 한다고 말하는 사람이 되세요. 회사는 언제든 없어질 수 있지만, 일 자체는 쉽게 사라지지 않습니다. 소속에 자부심을 느끼기보다 내가 어떤 일을 하는 사람인지에 자부심을 가지세요.

❷ 회사에 필요한 사람이 되세요. 대체 가능한 사람이

되면 대체됩니다. 대체 불가능한 사람이 되도록 노력하세요. 너무 거창하게 생각할 필요 없습니다. 처음에는 작은 것에서부터 시작하세요. 예를 들면 일정을 철저히 지키거나 AI를 잘 활용하는 사람이 되는 것부터요.

❸ 일을 좋아해 보세요. 좋아하는 일을 하는 사람이 가장 강합니다. 그게 어렵다면 직장에서 사소한 즐거움을 하나둘 찾아보세요. 인생에서 즐거움을 빠뜨려서는 안 됩니다.

❹ 오래 일하는 것과 일을 잘하는 건 다릅니다. 효율적으로 일해야 합니다. 오래 앉아 있다고 해서 저절로 성적이 오르지 않듯, 긴 시간 일한다고 해서 좋은 결과가 나오는 것은 아닙니다.

❺ 쉬운 길보다 어려운 길에 정답이 있을 때가 많습니다. 쉬운 길만 찾아다니면 경험과 실력이 쌓이지 않습니다. 때로는 의도적으로 어려운 길을 선택해 보세요.

❻ 30대에 쌓은 경험으로 40대를 삽니다. 40대에 쌓은 경험으로 50대를 삽니다. 각 나이대에 필요한 경험을 해야 합니다. 경험은 나의 생각과 세계를 넓혀 줍니다.

❼ 약속 시간에 늦지 마세요. 최소 10분 먼저 도착한다고 생각하고 출발하세요. 약속을 잘 지키는 사람은 늘 잘

지키고, 그렇지 않은 사람은 늘 어깁니다. 인간관계의 바탕은 신뢰입니다.

❽ 거절할 수 있는 용기를 가지세요. 필요할 때는 단호하게 거절할 줄 알아야 합니다. 거절을 제대로 못 하면 남에게 시간을 점유당할 뿐입니다. 좋은 사람이 아니라 그냥 호구가 될 수도 있습니다.

❾ 나보다 직위가 낮거나 어린 사람을 무시하지 마세요. 사람은 언제 어디서 다시 만나게 될지 모릅니다. 소문은 생각보다 빨리 퍼지고, 남을 무시하는 사람은 결국 잘되기 힘듭니다.

❿ 적절한 거리를 유지하는 관계가 좋습니다. 동료끼리 너무 친할 필요도, 너무 멀어질 필요도 없습니다. 균형 감각을 가지세요.

⓫ 힘들 때 도와주면 진정한 친구가 됩니다. 상황이 좋을 때 친구로 지내는 것은 어렵지 않습니다. 누군가가 힘들어할 때 손을 내밀어 보세요.

⓬ 사람의 마음을 얻는 것을 우선으로 생각하세요. 세상의 모든 것은 결국 사람에게 달려 있습니다. 가장 유용한 능력은 사람의 마음을 얻는 것입니다.

⓭ 가급적 적을 만들지 마세요. 정말 상종하기 싫은 사

람이 있다면 그냥 멀어지세요. 무시하세요. 대응하고 싸우며 적을 만들어서 좋을 일이 단 하나도 없습니다.

⓮ 너무 부정적인 사람이 되지 마세요. (아주 긍정적인 사람이 될 필요도 없습니다.) 매사 부정적인 태도를 가진 사람을 좋아하는 사람은 없습니다. 그리고 그런 태도는 자신의 인생에도 나쁜 영향을 줍니다.

⓯ 말로 일하지 말고, 행동으로 보여 주세요. 말만 앞서는 사람은 신뢰를 잃습니다. 사람들은 결국 행동으로 보여 주는 사람을 믿습니다.

⓰ 주변 사람의 성공에 기죽지 마세요. 빨리 승진하거나 인정받는 사람들이 있습니다. 그런 일에 일일이 신경 쓰면 자존감만 낮아집니다. 빨리 가는 사람이 있고, 늦게 가는 사람이 있습니다. 그리고 지금 빨리 가는 사람이 반드시 목적지에 먼저 도착하는 것도 아닙니다.

⓱ 일 잘하는 선배들은 알려 주는 것을 좋아합니다. 후배가 질문하면 반가워합니다. 그러니 주저하지 말고 물어보세요. 질문하고 알려 주는 과정은 서로 친해지는 방법이기도 합니다.

⓲ 실수를 해도 세상이 무너지지 않습니다. 다음번에 잘하면 됩니다. 특히 사회 초년생이라면 실수하는 게 당연합

니다. 문제는 실수 그 자체가 아니라, 그 실수를 지나치게 두려워하거나 숨기려는 태도입니다.

⑲ 기록하는 습관을 가져 보세요. 내가 남겨 놓은 기록이 승진, 이직, 퇴사 후에도 도움이 될 수 있습니다. 아무것도 남겨 두지 않으면 기억할 수 없습니다.

⑳ 돈보다 중요한 가치가 있다는 것을 잊지 마세요. 돈은 중요합니다. 때로는 가장 중요해 보이기도 합니다. 하지만 돈보다 중요한 가치가 있습니다. 그것이 건강일 수도 있고, 가족일 수도 있습니다. 돈을 가장 우선에 두면 오히려 이러한 것들을 잃을 수 있습니다.

마음에 드는 내용이 있나요? 그렇다면 주저하지 말고 내 삶에 적용해 보세요. 아무리 좋은 글을 읽어도 행하지 않으면 아무 소용이 없습니다.

9

회사밖에 모르고
살다가
인생이 꼬이는 이유

한 회사에서 15년, 20년 일하고 나면 회사만 아는 바보가 됩니다. 그런데 회사에 충성하고 모든 것을 바친 사람들의 미래는 그리 긍정적이지 않습니다. (점점 그런 시대가 되고 있습니다.)

회사 생활 15년, 20년 하고 나면 무엇이 남나요? 물론 회사 생활을 하며 터득한 기술이 있습니다. 그런데 보통 그 기술은 회사를 다닐 때만 필요한 것이 많습니다. 회사를 벗어나서 쓸 수 있는 기술도 있지만, 특정 회사 문화에 기인한 것들이 많습니다. 특정 양식, 특정 프로그램, 회사 인맥, 사내 정치 등 대부분 회사를 그만두면 사라지는 것들입니다.

그러면 회사 다니는 게 의미가 없다는 걸까요? 아뇨, 회사를 오래 다니면서 승진도 하고, 돈도 받고, 그걸로 재테크도 하고, 사회적 지위도 확보하고… 회사를 다니면 좋은 이유는 정말 많습니다. 삶에 도움이 되는 경험도 하게 되고요. 회사는 작은 사회니까요. 저는 대학 졸업하고 바로 사업하겠다는 사람이 있으면, 처음 3년 정도는 회사를 다닐 것을 권합니다. 정말 배우는 것이 없다고 해도 최소한 '아, 내가 회사형 인간이 아니구나'라도 배울 수 있습니다.

회사에 오래 다니다가 인생이 꼬이는 것은 바로 이런 겁니다. 회사가 내 삶의 전부가 되어 버리는 거죠. 회사에 모든 것을 바치면 바칠수록 나중에 배신을 당할 확률이 높습니다. 배신이라는 것은 애초에 신뢰가 있기 때문에 가능합니다. 신뢰를 주는 사람이 나를 속여서 배신이라는 단어가 성립하는 거죠.

회사를 그냥 파트너 혹은 학교로 생각하면 배신이라는 생각을 하지 않게 됩니다. 나와 함께 커 나가는 파트너, 여러 비즈니스 스킬을 배울 수 있는 (심지어 돈까지 주는) 학교, 혹은 다음으로 넘어가기 위해 건너는 징검다리 정도로 생각하면 배신당할 리도 없고, 설사 당해도 배신감에 사로잡히지 않을 것입니다.

제 친구가 얼마 전에 희망퇴직을 권유받았는데, 매일 밤 잠을 설치고 있습니다. 부장까지 승진했고 그다음 승진까지 상무가 철석같이 약속해 주었는데, 이번에 그 상무도 나가고 자기도 나가게 되었다고 합니다.

저는 2023년에 희망퇴직을 했고, 최근에 희망퇴직하는 친구도 여럿입니다. 미국에서 회사 다니는 친구가 말하길 회사는 그냥 출장소 같은 거라더군요. 자기 실력을 키우는 게 중요하지 회사에 의존하지 않는다고 합니다. 우리나라도 점점 그렇게 되겠지요.

그렇다면 어떻게 해야 할까요? 회사를 내려놓고, 내 실력을 키우세요. 자신을 프로야구 선수라고 생각하세요. 팀에 소속되어 있다가 곧 FA(Free Agent)로 나온다고 생각하세요. 가치가 있으면 어디에서든 일할 수 있고, 가치가 없으면 어디에서도 일할 수 없습니다. 당신을 지켜 주는 것은 없어요. 가족은 물론 그 누구도 나를 못 지킵니다. 내가 나를 지켜야 해요. 고민만 하지 말고 내가 가장 좋아하는 것 혹은 내가 가장 잘할 수 있는 것을 찾으세요. 막연해도 조금씩 발걸음을 내디디세요.

제 친한 친구는 강남에서 바를 운영하는데, 회사를 그만두기 전에 술 관련 공부를 하고, 바텐더 자격증을 3년 동안 준비해서 딴 후 지금은 직장 월급만큼 버는 사장님입니다. 또 다른 친구는 직장에 다니며 공유형 숙소를 운영하는데, 현재 제주도에 다섯 채가 있습니다.

세상에 기회는 정말 많습니다. 당신을 위한 길도 당연히 있을 거예요. 기억하세요. '회사와 나를 동일시하지 말자. 회사에 모든 것을 걸지 말자. 내 미래를 위한 준비를 하자.'

10

이런 사람이
회사에서 살아남는다

저는 16년을 다니고 그만두었지만, 제 동료들을 보면 회사에 남아서 승진을 거듭하는 분들이 많습니다. 꼭 승진이 아니더라도 인정받으면서 오랜 기간 자리를 지키는 분들도 많습니다. 이렇게 회사에 오랫동안 잘 다니는 분들에게는 공통점이 있었습니다.

❶ 잘하는 것이 하나씩은 있다.
❷ 다른 능력치도 평균은 된다.

이와는 반대로 특출나게 잘하는 것이 아무것도 없거나, 어떤 능력치가 평균보다 눈에 띄게 떨어지면 결국 회사에서 원하지 않거나 스스로 회사를 나가게 되더군요.

2가지 공통점 중 1번에 대해서 먼저 이야기해 보겠습니다.

회사는 능력자가 필요합니다. 예를 들어 영업 능력자가 있습니다. 오랜 기간 필드에서 활동하며 고객을 파악하고, 누구보다 고객을 잘 이해하고, 많은 고객들의 신뢰를 받는 사람이 있습니다. 제가 아는 이런 영업 능력자는 영업 팀장을 거쳐 본부장으로 승진하고, 나중에는 별도의 조직을 만들어 운영하였습니다.

마케팅 능력자도 있을 것입니다. 회사에는 뛰어난 마케팅 인사이트를 통해 경쟁사를 분석하고, 전략을 수립하는 사람이 꼭 필요합니다. 마케팅 능력자는 회사 내에서도 인정받겠지만, 다른 회사로부터 스카우트 제의를 받기도 합니다. 여기서부터는 개인의 선택이겠지요. 제가 다닌 회사에서도 뛰어난 마케팅 능력을 바탕으로 굵직한 글로벌 기업으로 이직한 사람도 있고, 회사에서 높은 자리에 오른 사람도 있습니다.

아부 능력자도 있을 것입니다. 이게 무슨 능력이냐고요? 저도 예전에는 그렇게 생각했습니다. 하지만 조직에서는 수장을 잘 보필하는 것도 능력입니다. 예를 들어 회사 대표는 중요한 결정을 내리는 결정권자이며, 그 사람이 어떤 기분을 유지하는지도 중요한 요소입니다. 결정권자의 기분을 좋게 만드는 사람은 그 나름의 가치가 있습니다. 회사에서 필요한 능력이 단순히 일에만 있는 것은 아닙니다. 아부라고 폄하할 것이 아니라 사회성이라고 생각할 수도 있을 것입니다.

2번에 대해서도 이야기해 보겠습니다. 성공한 사람들은 대개 특출난 무언가를 가지고 있지만, 그 외의 능력치도 최소한 평균은 되어야 합니다. 그래야 중역의 자리에 오를 수 있습니다. 위에서 예시로 든 영업 능력자가 인성이 나쁘면 어떻게 될까요? 마케팅 능력자가 사사건건 동료와 부딪친다면요? 아부 능력자가 아부만 잘하고 일은 엉망으로 한다면 어떨까요? 아마 곧바로 한계에 다다를 것입니다. 회사는 능력자를 필요로 하지만, 기본 능력을 갖춘 인재를 원하기 때문입니다.

여러분이 회사에서 성공하기를 바라는 마음으로 글을 쓰고 있습니다. 하지만 내가 어떠한 빼어난 능력을 가지고 있지 않거나 모든 것을 평균 이상으로 할 자신이 없다면, 냉정하게 자신의 위치를 되돌아보기를 바랍니다.

저는 회사에서 필요로 하는 특출난 능력도 없었고, 일부 능력은 평균에 미치지 못하는 사람이었습니다. 하지만 이런 기준은 회사를 그만두고 나서 다른 일을 할 때는 꼭 필요한 요소가 아니었습니다. 밖에서는 다른 능력치가 요구되었고, 다양한 능력을 골고루 갖춰야만 성공할 수 있는 것도 아니었기 때문입니다.

나이가 들면 자신의 길을 선택하고 책임져야 합니다. 내가 회사에서 성공할 것인지 혹은 회사 없는 세계에서 다른 꿈을 꿀 것인지 고민하는 데 있어 이 글이 도움이 되길 바랍니다.

11

직장이 괴로운
당신에게

여러분의 직장 생활은 어떠한가요? 즐거운가요? 힘든가요? 힘드신 분들이 많을 겁니다. 아마 대부분은 직장 생활이 힘들다고 말할 겁니다. 그냥 힘든 게 아니라 정말 너무 힘들다고 하는 분들도 있을 겁니다.

제가 싫어하는 말이 있습니다. '피할 수 없으면 즐겨라.' 좋은 말이죠. 그런데 어떤 것들은 도저히 즐길 수가 없습니다. 저도 직장 생활을 하면서 죽을 만큼 힘든 적이 있었습니다. 아니, 죽고 싶을 때도 있었습니다. 그때 피할 수 없으면 즐기라는 말이 도움이 되었을까요? 전혀요. 즐기는 것이 좋은 것인 줄 몰라서 즐기지 못하는 것이 아닙니다. 그럴 수밖에 없는 상황도 있습니다.

내가 하는 일이 나에게 맞지 않고, 상사에게 늘 깨지고, 이상한 동료와 함께 일해야 하거나 사내 따돌림을 당할 수도 있고, 미래가 보이지 않고, 해고의 위협에서 살고 있고, 월급이 터무니없이 적고, 이런 여러 가지 상황에서는 내 마음을 다스리기가 어렵습니다. 그럼 어떤 마인드를 가져야 할까요?

1. 무언가를 준비한다

직장이 도저히 맞지 않다면 무언가를 준비하면 마음이 든든해집니다. 마음이 든든하면 회사 생활도 더 잘할 수 있습니다. 어떤 것을 준비할 수 있을까요? 저 같은 경우에는 직장을 다니면서 꾸준히 블로그에 글을 썼습니다. 매일 하루에 하나씩(혹은 2~3개씩) 몇 년을 꾸준히 썼습니다. 블로그 글을 쓰며 저는 저에게 작가라는 미래가 있다고 말해주었습니다.

이직을 준비할 수도 있고, 영어 공부를 할 수도 있고, 기술 자격증을 딸 수도, 주식이나 부동산을 할 수도 있습니다. 물론 쉬운 일은 아닙니다. 그래도 무언가를 준비하는 것과 하지 않는 것은 전혀 다릅니다.

2. 게임을 한다고 생각한다

나라는 사람과 일하는 나를 분리하는 것입니다. 직장을 게임이라고 생각하고 원화 채굴을 한다고 생각해 보세요. 그리고 진짜 나는 1번에서 말한 미래를 준비하도록 하는 거죠.

직장에 과몰입하는 사람들을 봅니다. 화내고, 분노하고, 좌절하고…. 그런데 일은 일일 뿐입니다. 직장에서의 나와 내 삶의 주체인 나를 분리하는 기술은 꼭 필요합니다. 그렇게 나를 보호할 필요가 있습니다.

3. 나를 괴롭게 하는 것과 정면으로 부딪친다

사실 이게 가장 좋은 방법입니다. 하지만 처음부터 잘되지는 않습니다. 직장에서의 나와 내 삶의 주체인 나를 분리하다 보면 상황이 객관적으로 보입니다. 그러면 나의 진짜 문제가 무엇인지 알 수 있습니다.

저를 예로 들어 볼게요. 저는 직장 생활이 힘든 게 일이나 관계라고 생각했습니다. 그런데 가장 큰 문제는 내가 직장을 벗어나면 쓸모없는 사람이 되는 것이었습니다. 그래서 더욱 직장에 얽매이고 의존하게 되는 것이었지요. 저는 직장 밖에서도 돈을 벌 수 있는 사람이 되기로 했습니다. 규모는 상관없었습니다. 단돈 만 원부터 시작해 보자고요. 회사를 벗어나면 쓸모없는 사람이 아닌, 회사 밖에서도 쓸모 있는 사람이 되기로 한 것이지요. 나를 괴롭히는 진짜 이유가 무엇인지 곰곰이 생각해 보세요. 그것을 발견하고 해결해 보세요.

12

40세가 넘으면 생기는 문제들

40대가 되면 '인생이 너무 어렵다', '하루하루 살아가는 게 왜 이렇게 힘든지 모르겠다' 이런 말을 더 자주 하게 됩니다. 왜 그럴까요?

첫 번째는 직장에서 중간 관리자가 되었기 때문입니다. 40세 정도면 대부분 과장, 차장일 겁니다. 부장인 분도 있을 수 있고요. 이 모두가 중간 관리자의 영역에 있습니다. 신입이라면 힘든 점도 많겠지만, 일을 배우는 단계라서 실수해도 어느 정도 용납됩니다. 하지만 과장 이상의 중간 관리자가 되면 다릅니다. 회사에서 일도 많이 맡기고, 책임도 져야 하고, 상사부터 후배 직원까지 두루두루 챙겨야 하고, 위아래로 치이게 됩니다. 저는 40세에 차장이 되었는데, 이런 부분들이 저를 힘들게 만들더군요.

두 번째는 언제든지 해고될 수 있다는 위기감 때문입니다. 솔직히 30대에는 그런 생각을 못 했습니다. 하지만 차장이 되니 상황이 많이 달라졌습니다. 주변의 40대 중후반 차장, 부장들이 짐을 싸기 시작했습니다. 회사가 힘들 때마다 가장 먼저 떠나게 되는 건 그 정도 위치의 직원이었습니다. 심지어 해고 압박을 받는 나이는 점차 내려오더군요. 저도 팀장이 되지 못하면, 그 위로 올라가지 못하면, 머지않아 잘리게 될 거라는 생각이 들었습니다. 내가 잘릴지도 모른다는 위협을 느끼며 사는 건 정말 힘든 일입니다. 하지만 다른 방법은 없습니다. 내가 회사에 필요한 사람이라는 것을 끊임없이 증명해야 합니다.

세 번째는 체력 때문입니다. 30대에는 몰랐죠. 40대가 되면 체력이 급격히 떨어집니다. 예전에는 야근을 해도, 회식을 해도 그다음 날 멀쩡했는데, 40대가 된 지금은 컨디션을 유지하기가 어렵습니다. 출장을 다녀오면 일이 밀리고, 밀린 업무를 처리하느라 밤이나 주말까지 일하다 보면 피로가 쌓이고, 악순환이 반복됩니다.

네 번째는 건강 때문입니다. 체력과도 연관이 있습니다. 40대가 되면 병명들을 하나둘 접하게 됩니다. 이것저것 챙겨 먹기도 하고, 운동도 시작해 보지만, 회사에 다니면서 건강을 챙기는 게 말처럼 쉬운 일이 아닙니다. 그러다 보면 만성피로에 시달리고, 위장병 등을 달고 살게 됩니다.

다섯 번째는 자녀 교육비 때문입니다. 결혼을 하지 않았거나 했어도 자녀가 없는 분은 해당되지 않겠지만, 자녀가 있으면 공감할 것입니다. 21세기 대한민국에서 자녀 교육비는, 특히 사교육비는 악명 높기로 유명합니다. 아이 한 명에 매달 수백만 원을 쓰는 가정이 너무나 많지요. 안 쓰면 되지 않느냐고 말할 수 있겠지만, 그렇게 간단히 치부할 문제는 아닙니다. 누구나 내 자식을 잘 키우고 싶은 마음 혹은 내 아이가 나보다 잘 살았으면 하는 마음이 있기 때문입니다. 그런 마음이 교육비를 무리하여 쓰게 만들기도 합니다.

여섯 번째는 대출금 때문입니다. 내 집 마련이나 전세금 때문에 대출을 한 경우가 많을 것입니다. 자동차 할부금을 내야 할 수도 있고, 생활비가 부족해서 신용 대출을 했을 수도 있겠지요. 그러면 매달 월급의 절반은 각종 대출금으로 다 빠져나가고, 남은 돈으로 한 달을 버티기는 너무 빠듯합니다.

일곱 번째는 부모님 때문입니다. 내가 40대가 되었다는 이야기는 부모님은 60대 이상이 되었다는 말과 같습니다. 노후 준비를 해 놓은 부모님도 있겠지만, 그렇지 않은 경우도 많습니다. 부모님이 스스로 노후를 책임지기 어려운 상황이라면 생활비도 드려야 하고, 병이 생기면 병원비가 들 수도 있습니다. 자식 된 도리를 다해야겠지만, 참 쉽지 않습니다.

언급한 7가지 이유 외에도 40대의 삶을 힘들게 하는 이유들이 더 있을 것입니다. 20대 중후반에 입사하면 40대가 되기까지 약 15년의 시간이 있습니다. 그 시간 동안 자기계발과 재테크를 게을리하지 말아야 합니다. 믿는 구석이 있는 직장인은 더 당당하게 회사 생활을 할 수 있고, 삶을 살아갈 수 있습니다.

13

회사 나오면 아무 쓸모없는 대기업 타이틀의 슬픔

제가 보았을 때 대기업 직원이 회사에서 잘리기 더 쉽습니다. 대기업 직원이 회사를 벗어나 사회에 나오면 할 수 있는 것이 더 없습니다.

대기업은 시스템이 잘 갖추어져 있습니다. 중소기업과 비교해 보면, 중소기업은 한 사람이 여러 가지 일을 하는 경우가 많습니다. 시스템이 잘 갖추어진 대기업은 한 사람이 한 가지 일만 하면 되는 경우가 많습니다.

저는 회사에서 마케터로 일했는데요. 일을 하다가 컴퓨터가 제대로 작동하지 않으면, IT 팀에 연락합니다. 일을 하다가 법적 분쟁이 벌어질 만한 일이 발생하면, 법무 팀에 연락합니다. 회사 제품의 기술적인 부분에 의문이 있거나 문제가 생기면, 연구 팀에 문의합니다. 해외 현지 동향이 궁금하면 지사에 연락해서 소식을 들을 수 있지요. 이렇게 세부적인 분담이 가능합니다. 심지어 제 주 업무인 마케팅조차도 분담이 가능합니다. 제가 담당한 제품의 추가 홍보가 필요하면, 대행사를 부르면 됩니다. 마케팅 PT를 진행하여 그중에 가장 잘한 대행사에게 일을 맡길 수도 있습니다. 마치 톱니 하나하나가 맞물려 톱니바퀴가 돌아가듯, 일이 나누어져 있어도 정해진 일정에 따라 치열하게 돌아가는 곳이 대기업이에요.

이렇게 회사를 15년, 20년 다니다가 퇴직한다고 생각해봅시다. 전부 자기 업무만 해 오던 부품 같은 사람들인데 퇴사하고 나서 무엇을 할 수 있을까요? 그래도 자기 업무에 국한해서는 전문가라고 할 수 있지 않느냐고요? 한 가지 업무를 맡았다고 다 전문가가 되는 것은 아니에요. 저는 마케터고, 대행사를 썼다고 했죠? 어쩌면 대행사에서 일하는 분이 더 전문가고, 저는 그냥 회사 안에서 마케터 역할을 맡은 것입니다.

대기업 출신의 문제가 하나 더 있습니다. 어깨에 힘이 들어갔다는 거예요. 연봉 1억 이상을 받으면서 대기업 차장, 부장을 하다가 밖에 나오면 자신이 할 수 있는 일에 비해 눈만 높습니다. 자기가 그동안 받은 대우를 잊기가 어려워요. '세상에서 제일 나쁜 게 줬다 빼앗는 것이다'라는 말도 있잖아요. 그러니까 눈이 높아서 차가운 현실에 적응하기 힘든 것입니다.

그럼 중소기업이 더 좋다는 말이냐고 물을 수 있는데요. 제가 하고 싶은 이야기의 핵심은 그것이 아닙니다. 다방면에서 전문가가 되기에는 중소기업이 유리할 수 있으나, 우리나라는 대기업과 중소기업 간의 업무, 복지, 대우 등의 차이가 심각합니다. 대기업 대신 중소기업을 가라고 권할 수는 없으나, 대기업 생활이 점점 쓸모없는 사람이 되어 가는 과정이라는 점은 유념하길 바랍니다. 내가 뭐라도 된 것처럼 느끼는 사람들이 있는데, 전혀 그렇지 않고 대기업에 오래 다닐수록 경쟁력이 떨어지고 있는 거라 여겨야 합니다. 그래서 회사에 다니면서 미래를 준비해야 해요. 만약 여러분이 대기업에 다니고 계신다면, 어깨 힘을 빼고 겸손하게 미래를 준비하세요.

14

무의미한
대기업 1억 연봉

저는 2019년부터 억대 연봉을 받았습니다. 인센티브까지 포함해서 말이죠. 2020년에는 1억 3천만 원 이상이었습니다. 그런데 이렇게 벌어도 의미가 없을 수 있습니다. 이유가 예상되시나요?

세상에는 하는 일에 비해 많이 버는 경우도 있겠죠. 하지만 대부분의 경우는, 돈을 많이 받으면 그만큼 많은 일을 해야 합니다. 1억을 받으면 1억 원만큼의 일을 해야 하고, 1억에 가까운 스트레스를 받아야 합니다. 1억에 가까운 건강을 잃을 수도 있고요. 생명력이 줄어들어요.

제가 가장 힘들게 보낸 시간을 되돌아보겠습니다. 아침 8시 전에 출근합니다. 노트북을 켜면 새로운 메일이 100여통 있습니다. 쓸데없는 메일도 있지만 대부분은 제가 읽고 답을 해야 하는 메일입니다. 바로 답을 할 수 있는 내용도 있고, 유관 부서에 도움을 요청해야 하는 건도 있어요. 100통을 확인하고 답하는 동안에도 새로운 메일은 계속 들어옵니다. 그러면 새로 도착한 메일 중에 먼저 처리해야 하는 건이 있는지 고민과 선택을 해야 합니다. 하루는 도대체 오늘 하루 동안 몇 개의 메일을 읽고 썼는지 세어 보았습니다. 읽은 것은 200개, 답한 것은 100개가 넘더군요. 10시간을 일했다고 하면, 1시간에 메일을 10개씩 쓴 것입니다. 그것도 그리 짧지 않은 길이의 메일을요.

그런데 제 업무는 메일 쓰기가 아니라, 기획하고 그것을 실행에 옮기는 것입니다. 하루에 3~4번의 미팅이 있습니다. 미팅은 보통 30분에서 1시간 정도 진행되고요. 하지만 급한 건들이 계속 쌓이고 있으니, 어떤 때는 미팅 중에도 메일을 보냅니다.

가끔은 여수, 부산, 울산 등으로 지방 출장도 가야 합니다. 그러면 그다음 날에는 메일을 배로 써야 해요. 밥 먹을 시간도 없습니다. 그래서 가급적 출장은 피하고 싶은데, 그런 내색을 보이면 일하기 싫어하는 걸로 여깁니다. 진퇴양난이죠.

일을 마치고 집에 가면 밤 10시가 넘을 때가 부지기수였습니다. 거의 주말 중 하루는 반납했고요. 그러다 보니 2살, 4살 아이들을 거의 챙기지 못했습니다. 지금도 그때를 생각하면 아내와 아이들에게 미안합니다.

그뿐만 아니라 허리디스크와 공황장애도 왔습니다. 밤에는 그날 마치지 못한 일이 머릿속에 맴돌아서 잠을 이루지 못합니다. 나는 하루 8시간을 계약하고 일하는 사람인데, 24시간 일하는 노예가 됩니다.

가장 절망적인 것은 승진을 하면 더 바쁘고 힘들어진다는 겁니다. 1억을 넘어 1억 5천, 2억을 벌게 되면 점점 더 힘들어집니다.

'어? 내가 아는 ○○는 1억 넘게 벌면서도 편하게 일하던데?' 이런 생각이 들 수 있어요. 그런데 그건 남 일이라 그렇고요. 속사정은 아무도 모르는 겁니다. 보통은 많은 돈을 받을수록 육체와 정신을 모두 갈아 넣어야 합니다. 그러니 나보다 많이 버는 사람을 무조건 부러워할 필요가 없습니다.

저는 그렇게 일하면서 1억 이상을 버는 것은 의미가 없다고 생각하고 생각하고 또 생각했습니다. 그 이상의 연봉을 줄 테니 그때로 돌아가서 다시 그렇게 일하라고 한다면, 저는 절대 안 합니다.

 물론 일하는 걸 정말 좋아하고 일중독인 사람도 있습니다. '업무가 많아도 괜찮아', '여가 시간이 적어도 괜찮아' 그런 사람들이 승진하고 임원이 되어서도 잘 적응할 수 있는 것입니다. 결국은 내가 하는 일이 내 적성에 맞는지, 내가 감당할 수 있는지가 가장 중요할 것입니다.

2장

피할 수 없는 퇴사의 현실

회사는 당신을 지켜 주지 않는다

1

40대 직장인이
하루빨리
깨달아야 하는 것

'이렇게 살면 될까?' 나이가 들면서 문득문득 불안한 생각이 들지 않나요? 30대는 느끼기 시작할 거고, 40~50대가 되면 점점 더 많이 느낄 것입니다. 우리는 왜 이런 불안감을 안고 살아가는 걸까요?

제가 마흔을 넘기고 가장 강하게 느낀 것은 바로 '우리는 젊음을 팔아서 돈을 벌고 있다'는 사실입니다. 무슨 말일까요?

저는 20대에는 큰 고민이 없었습니다. 연봉을 가장 많이 주는, 소위 폼 나는 직장에 들어가는 것이 최고라고 생각했습니다. 취미도 적당히 즐기면서 살아왔습니다. (요즘 취업난이 심각해졌다고는 하지만, 그래도 일자리를 구하면 비슷비슷한 모습으로 살아갑니다.) 그러다 40대가 되면서 이런 생각이 들었습니다. '아, 내가 젊음을 팔아서 돈을 벌어 온 거구나!'

회사는 우리의 젊음을 삽니다. 학위도 사고, 재능도 사고, 열정도 사는데, 젊음도 큰 가치를 두고 삽니다. 그런데 젊음은 영원하지 않습니다. 시간은 생각보다 빨리 흐르고요.

회사에서 40대를 뽑나요? 특별한 이유가 있지 않는 한 드문 경우입니다. 젊음이 없기 때문입니다. 돈도 많이 주어야 하고, 불평불만도 많은데, 배우거나 적응하는 시간은 오래 걸립니다. 정부도 청년 취업이나 노인 일자리에는 신경을 쓰지만, 상대적으로 40대는 사각지대에 있습니다. 그러니 40대 퇴직, 40대 권고사직은 자본주의 사회에서는 사망선고나 다름없습니다.

그렇다면 어떻게 살아야 할까요? 결론은 회사에 다닐 때 미리 준비를 해야 합니다. 회사에서 나가라고 하기 전에, 나의 젊은 시절을 다 보내기 전에 준비를 마쳐야 해요. 저도 단번에 길을 찾은 건 아닙니다. 끊임없이 고민하고 방황했습니다. 30대에는 이직 준비를 하며, MBA(경영 대학원 학위)와 몇몇 자격증도 땄습니다. 투자도 꽤 열심히 했고,

심지어 이민 준비도 했습니다. 이런 과정을 반복하며 저만의 길을 찾았습니다.

이 글을 읽는 당신이 30대라면 잘되었습니다. 20대면 더 좋습니다. 40대라도 괜찮습니다. 지금이라도 깨달으면 됩니다. 아니 사실은 이미 알고 있을지도 모릅니다. 미래를 위해 준비해야 한다는 것을요. 40대도 결코 늦은 나이가 아닙니다. 젊음이 곧 경쟁력입니다. 한 살이라도 어릴 때 나만의 경쟁력을 만들어야 합니다. 이것저것 도전하고 경험하고 준비하는 것은 반드시 필요한 일입니다.

물론 회사를 오래 다닐 수도 있습니다. 그것도 좋아요. 하지만 내가 정년까지 다니길 원한다고 해서 되는 게 아니잖아요. 현실이 그렇습니다.

우리는 매년 나이가 듭니다. 시간은 지금도 흐르고 있지요. 회사 없는 삶을 아주 간절하게 준비해야 합니다. 당신은 혼자가 아닙니다. 이렇게 살면 되는지, 어떻게 살아야 하는지, 어디로 가야 하는지, 미래에 대한 고민은 여러분 또래 대부분이 겪는 일입니다. 이런 과정을 거쳐 당신도 반드시 당신만의 길을 찾게 될 것입니다.

2

대기업 직장인의
퇴장 시나리오

　일반 대기업 직장인들은 40대가 되면서 하나 둘씩 회사에서 밀려납니다. 저도 그런 케이스고 제 주변에 동기, 선후배들도 마찬가지입니다. 회사에서 밀려나는 과정을 보면, 보통 다음의 5단계를 거치게 됩니다(물론 일반화할 수는 없습니다). 그런데 이런 단계들이 천천히 진행되기에 정작 본인은 잘 모릅니다. 저와 제 동료들의 모습을 돌이켜 보면, 40대 직장인은 마치 끓는 물 속에 있는 개구리 같다는 생각이 듭니다. 매달 월급을 받으면서 마치 중독된 듯한 기분이 드는 거죠. 하지만 물의 온도는 계속 올라갑니다. 결국 너무 뜨거워서 밖으로 뛰쳐나오려 하는데 그때는 이미 늦었죠.

1단계. 승진에서 누락되기 시작한다

사원으로 입사하여 대리까지는 모두 진급을 합니다. 물론 조금 늦기도 하고 빠르기도 하지만 이때는 별 차이가 없습니다. 과장까지도 웬만하면 진급을 합니다. 그런데 만년 과장, 만년 차장 같은 말 들어 보셨죠? 이때부터 진급 누락이 시작됩니다.

기업은 피라미드 구조입니다. 위로 올라갈수록 경쟁이 치열해지지요. 누군가는 과장에서, 누군가는 차장에서, 누군가는 부장에서 멈추는 거죠. 이때부터는 노력 반 체념 반입니다. 올라가려고 더 노력하는 사람이 있고, 포기하는 사람도 있어요. '만년 과장도 나쁘지 않아. 어차피 월급 차이는 크게 안 나는데, 뭐.' 이런 생각을 하면서 말이죠.

2단계. 후배가 상사가 된다

만년 과장, 만년 차장을 하면서 40대 초중반을 보내다 보면 후배가 관리자로 옵니다. 나보다 늦게 입사한 후배가 내 상사가 되는 것이죠. 내가 일을 가르치고 혼냈던 후배가 상사가 되면 어떨까요? 멘털이 붕괴되기 시작합니다. 겉으로는 괜찮은 척, 아닌 척할 거예요. 앞으로도 회사를 잘 다녀야 하니까요. "난 괜찮아, 편하게 대해 줘." 후배에게 이런 이야기를 할 겁니다.

그런데 관리자는 업무 지시를 하고 고과를 평가하는 사람입니다. 후배가 상사인데 마음이 편할 리가 없겠죠. 상사인 후배 또한 이 상황이 불편할 수밖에 없습니다. 그리고 주변 사람의 시선도 신경 쓰일 것입니다. '다른 사람들이 나를 어떻게 볼까?' 이런 열등감이 차곡차곡 쌓이기 시작하죠.

3단계. 낮은 고과를 받기 시작한다

보통 A, B, C, D, E 이런 기준으로 고과를 평가하는데, 낮은 고과를 받으면 연봉도 삭감됩니다. C 등급이면 5% 삭감, D 등급이면 10% 삭감 같은 식으로요.

그런데 상사가 된 후배가 나에게 좋은 고과를 줄까요? 장래가 촉망되는 신입, 사원, 대리들부터 챙겨야죠. 어쩔 수 없이 만년 과장, 만년 차장에게는 낮은 고과를 주게 됩니다. 그러면 매년 내 연봉은 줄어들죠. 이제부터 멘털을 부여잡기 점점 더 어렵습니다.

4단계. 업무와 근무지가 바뀐다

3단계에서 많이들 회사 탈출을 계획합니다. 이렇게는 못 다니겠다고 생각하면서도 버티는 사람들에게는 곧 더 큰 문제가 찾아옵니다. 이제는 업무와 근무지가 바뀔 수 있습니다.

제 선배는 영업부 출신으로 서울에서 일했는데 어느 순간 지방에 위치한 공장으로 발령이 나더군요. 40대 중반, 한창 아이들을 키울 나이에 갑자기 새로운 일을 맡고, 연고도 없는 지방으로 발령이 나면 더는 버티기 어려워집니다.

5단계. 구조조정이 시작된다

4단계에서 대부분 그만두고, 일부가 4단계를 지나 5단계에 도착합니다. 이제는 회사에서 구조조정을 합니다. 인사부로부터 회사를 그만둘 것을 권유받는 것입니다. 말이 권유지 모든 수단을 다해 합법적인 범위에서 회사를 '나가게' 만듭니다.

그럼에도 불구하고 계속해서 버틴다면 나도 기억 안 나는 컴퓨터 사용 기록, 지각 기록, 비용 처리한 것들을 문제 삼아 업무 태만 등으로 징계할 수 있다고 말하죠. 이 말에 겁을 먹으면 이제는 회유를 합니다. '좋은 조건으로 희망퇴직을 하라. 단, 기회는 이번뿐이다. 지금 나가면 이 정도 보상은 받을 수 있다'라는 식으로 말이죠. 이렇게 멘털이 모조리 털리면서 반강제적으로 회사를 나오게 됩니다.

대부분 3단계나 4단계에서 회사를 나오는데, 5단계까지 가는 사람도 있고, 보통 5단계가 되면 회사는 협박과 회유를 동시에 사용합니다.

그런데 이렇게 할 수밖에 없는 기업의 입장도 있습니다. 계속 새로운 사람을 뽑기 위해서는 회사에서 저성과자를 내보내는 것이 어쩌면 당연한 일입니다. 하지만 개인의 입장에서는 '내가 회사에 청춘을 다 바쳤는데, 어떻게 나한테 이럴 수 있어' 하고 생각하게 되지요.

그러면 우리는 어떻게 해야 할까요? 앞부분에서 '끓는 물 속의 개구리'에 대해 이야기했지요. 물의 온도를 민감하게 느껴야 합니다. 5단계 중 1단계로 돌아가 봐요. 승진에서 누락되면 '아, 내가 회사에서 경쟁력을 잃고 있구나' 빠르게 생각하고 결정해야 합니다.

2가지 선택이 있습니다. '더 열심히 일해서 회사에서 꼭 필요한 인재가 되어야지', '열심히 다른 것을 준비해서 회사에서 나가라고 할 때 문제없이 자립해야지'. 그런데 대부분의 사람은 회사에서 어영부영 시간을 흘려보내다가 어쩔 수 없이 나오게 되고, 내가 할 수 있는 일이 아무것도 없는 현실을 마주합니다. 결국 회사 안에서든 밖에서든 나의 경쟁력을 키우는 것이 답입니다.

3

43세,
소득 내리막이 시작된다

대한민국 국민은 평균적으로 언제 소득이 가장 높을까요? 언제부터 소득이 줄어들기 시작하고, 언제부터 적자 인생이 시작될까요?

43세가 되면 수입이 줄어들기 시작한다고 합니다. 저는 지금 44세입니다. 그러니까 저의 경우를 예를 들어 살펴볼 수 있겠네요. 저는 42세에 희망퇴직 대상자가 되었고,

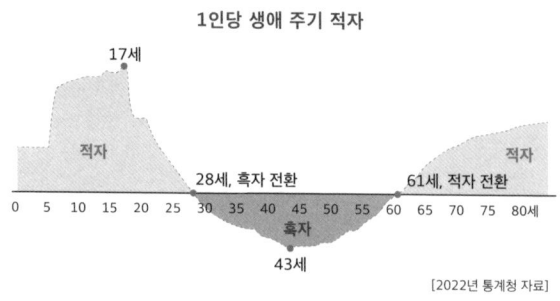

[2022년 통계청 자료]

그때까지 회사 근로 소득이 제 수입의 큰 부분이었습니다. 그런데 지금은 회사에서 받는 돈이 제로가 되었죠.

우리는 28세까지 적자 인생을 삽니다. 어린 시절은 부모에게 의지하는데, 17세 때 가장 많은 돈을 지출합니다. 28세부터 돈을 벌면서 흑자로 전환하긴 하지만, 적은 돈을 벌면서 결혼도 하고, 자식도 낳고, 높은 물가에 허덕이면서 매년 천만 원 모으기가 어렵습니다. 소득은 43세에 정점을 찍은 후 감소합니다.

61세가 되면 다시 적자 인생입니다. 그런데 노후를 위해 모아 둔 돈도 많지 않습니다. 여전히 자식을 지원해야 할지도 모릅니다. 80세를 넘어 이제는 100세 시대, 빈곤한 노후가 우리를 기다리고 있습니다. 그래프에서도 나타나듯이 우리 인생은 흑자보다 적자인 기간이 훨씬 깁니다.

'내 주변엔 안 그런 사람도 많던데?', '예순 넘어서까지 회사에 다니고 1억 넘게 버는 사람도 있던데?'라고 생각할 수도 있습니다. 그렇다면 그 사람은 평균보다 훨씬 많은 소득을 길게 가져가는 거죠. 반대로 생각하면, 어떤 사람은 43세부터 소득이 줄어드는 것이 아니라 이미 30대부터 줄어드는 경우도 있을 겁니다. 평균에 비해 상황이 더 좋은 사람이 있으면, 상황이 더 나쁜 사람도 있게 마련이니까요.

43세에 가까운 나이인가요? 43세를 향해 가고 있나요? 그렇다면 더욱 냉정하게 대한민국의 현실을 바라보아야 합니다. 우리가 해야 할 일은 그래프의 흑자 시기를 넓게 가져가는 것입니다. 직장에서 오래 일하는 것이 가능한 사람은 그것을 전략으로 가져갈 수도 있고, 그것이 어려운 사람은 다른 소득원을 만들어야 합니다. 회사를 다니면서 제2의 일을 준비해야겠습니다.

안타깝지만 저는 대한민국의 경제 전망에 대해 회의적입니다. 과거처럼 눈부신 경제 발전을 할 가능성은 거의 없고, 가까운 미래에 IMF 외환위기나 2008년 글로벌 금융위기와 같은 상황도 충분히 올 수 있다고 봅니다. 우리는 그 어느 때보다 각자도생(各自圖生, 제각기 살아 나갈 방법을 꾀함)이라는 말이 어울리는 시대를 살고 있습니다. 국가가 역할을 잘해야 하고, 회사도 성장해야겠죠. 하지만 개인이 어떻게 준비하느냐가 무엇보다 중요합니다. 국가도 회사도 심지어는 내 가족도 나를 온전히 지켜 줄 수 없습니다. 어떻게 준비하느냐에 따라 100세 시대가 축복이 되기도 하고, 참혹한 저주로 다가오기도 할 것입니다.

4

견딜 만한 지옥도
결국은 지옥이다

가장 무서운 지옥은 견딜 만한 지옥이라는 말이 있습니다. 만약 견디기가 너무 힘들다면 그곳에서 바로 뛰쳐나오겠죠. 하지만 적당히 힘들다면, 어느 정도 견딜 여지가 있다면 탈출할 생각을 하지 않게 됩니다. 게다가 지금 있는 곳이 보상도 크고 달리 갈 곳도 없다면, 그곳에 계속 머물고 싶어질 겁니다.

직장 생활은 처음에는 누구에게나 어렵습니다. 출퇴근도 힘들고, 업무도 낯설고요. 불합리한 관행이나 경직된 조직 문화, 인간관계에 지치기도 합니다. 처음에는 내 목소리를 내고 싶은 마음도 있었지만 차차 지우는 법을 익히고, 이 모든 것에 순응하게 됩니다. 그렇게 내 본래의 모습을 잃고 직장인 1이 됩니다.

회사 생활도 익숙해지면 제법 할 만해집니다. 전보다 더 힘든 일이 닥쳐도 스스로 설득하기 시작합니다. 연봉이 오르지 않아도, 승진이 제때 되지 않아도 자기 합리화를 합니다. 그래도 이 정도면 나쁘지 않다고, 다른 곳에 가도 똑같다고, 다들 이렇게 사는 것 아니냐고 말입니다. 저도 3년, 6년, 9년, 12년 차의 방황을 견디면서 점점 무덤덤해지더군요.

그러다 보면 상황이 조금 더 나빠지더라도 그저 견디게 됩니다. 아픈 것도 익숙해지면 아픈지 모릅니다. 부조리한 것도 부조리한 것인지 모르게 되고요. 내가 경쟁력이 떨어지고 있는 사실도 애써 모른 척합니다. 심각하게는 바로 옆에서 선배가 하나둘씩 회사를 나가게 되는데도 내 일이 아니라고, '저 사람이 문제가 있겠지. 나는 그럴 일이 없을 거야' 하고 생각합니다. 능력 있는 후배가 치고 올라와도 '나는 경험이 풍부하잖아', '나는 상무님이랑 친분이 두텁잖아' 이렇게 생각하며 스스로 주문을 왭니다.

하지만 어느 순간, 어떤 계기로 인해 회사 생활을 더는 견디지 못하게 되거나 회사에서 갑작스럽게 그만두라는 통보를 받는다면, 그제야 차가운 현실에 내던져진 자신을 발견합니다. 물이 끓는점에 도달한 것입니다. 이제는 정말 나와야 할 때가 된 것입니다. 그리고 깨닫습니다.

'내가 조금씩 밀려왔구나, 이제는 내 차례가 되었구나, 앞서 회사를 나간 사람들도 나와 다르지 않았구나, 나는 하나의 부속품에 불과했구나, 회사는 돈을 버는 곳이고 나는 회사와 계약을 했을 뿐이며 이제 그 계약이 끝난 것이구나!'

2023년 퇴직한 4050 세대의 절반가량이 비자발적 퇴사였다고 합니다. 그리고 그 비율은 앞으로 더 높아질 전망입니다. 만약 내가 퇴사 이후의 삶을 준비하고 있지 않다면, 회사에만 올인하고 있다면, 지금을 견딜 만하다고 느껴서 움직이지 않고 있는 것인지 되돌아보세요. 한순간에 도저히 견딜 수 없는 상황으로 변하게 될지도 모릅니다. 100도가 된 끓는 물에 화상을 입게 될지도 모릅니다. 견딜 만한 상황에 있다고 가만히 멈춰 있으면 안 됩니다. 회사를 그만둘 수 있는 준비를 하지 않는 사람은 훗날 하루라도 회사를 더 다니려고 매달리게 될 것입니다. 회사는 하루라도 회사를 더 다니려고 매달리는 사람에게 절대 친절하지 않습니다.

5

회사는 언제든 당신을 버릴 수 있다

회사는 우리를 왜 고용할까요? 필요하기 때문입니다. 회사가 우리를 필요로 하지 않으면? 네, 당연히 버리겠지요. 근로기준법으로 사유와 절차를 정하고 있지만, 버리려고 하는 것에는 변함이 없습니다. 회사가 우리를 필요로 했다가 필요로 하지 않게 되는 이유는 무엇일까요?

첫째, 노동력의 가치가 변하기 때문입니다. 노동력의 가치가 나이에 정비례(또는 반비례)한다고 볼 수는 없지만, 시간이 지나면서 노동력의 가치는 변합니다.

둘째, 회사의 실적에 변동이 있기 때문입니다. 매출이 증가하고 경영이 잘되면 많은 사람이 필요하지만, 반대로 실적이 나쁘면 많은 사람을 고용할 필요가 없죠. 혹은 회사가 문을 닫을 수도 있습니다. 잠재적 해고 가능성이 늘 존재하는 것이지요.

셋째, 시대가 바뀌고 있기 때문입니다. AI의 도입으로 미국에서는 수십만 명의 해고가 일어났습니다. 지금도 계속 일어나고 있는 일입니다. 은행도 창구 직원이 필요 없고, 식당에서는 서빙 로봇이 일합니다. 자율 주행이 본격화되면 택시 기사도 사라지겠지요. 10년, 어쩌면 그보다 더 빨리 사라질지 모릅니다.

회사가 직원을 필요로 하지 않을지도 모르는 상황이 코앞에 있다면 우리는 무엇을 해야 할까요? 회사에 충성하는 것? 회사가 나의 전부라고 생각하는 것? 아닙니다. 그렇게 생각한다면 정신 차려야 합니다. '충성'이나 '전부'라는 말은 더는 오늘날의 일자리에 어울리는 단어가 아닙니다.

저는 직장인들이 이런 생각을 가졌으면 좋겠습니다.
'영원히 다닐 것처럼 일하고, 내일 당장 그만둘 것처럼 준비하라.'

우리는 언제든 해고의 대상이 될 수 있고, 우리가 그런 시대를 살고 있다는 말은 이제 지겨울 정도입니다. 그런데 당신은 준비가 되어 있나요?

　나와 회사가 건전한 관계가 되려면 서로 같은 생각을 해야 합니다. 회사가 언제든 나를 버릴 수 있다면 나도 언제든 회사를 버릴 수 있다고 생각해야 합니다.

　버릴 수 있으려면 무엇이 필요할까요? 회사에서 얻는 경제적인 부분을 나 스스로 만들어 낼 수 있어야죠. 하지만 그런 준비가 된 사람은 극소수에 불과합니다. 여러분이 바로 그런 사람이 되어야 합니다.

6

회사 생활을
잘하는 사람은
믿는 구석이 있다

회사에 의존하지 않는 사람들이 회사 생활을 더 잘합니다.

제가 아는 소위 금수저가 있는데, 늘 당당했습니다. 눈치 보지 않고 자기 의견을 소신껏 말했습니다. 일에 도움이 안 되는 것은 배제하고 자기 일에만 집중했습니다.

주식으로 돈을 많이 번 친구가 있는데, 이 친구도 비슷했습니다. 농담 삼아 회사는 취미로 다닌다고 말하곤 했는데, 그렇다고 일을 대충대충 넘기는 것도 아니었습니다. 승진도 곧잘 하더군요.

주식이나 부동산을 꾸준히 해서 어느 정도 자산을 쌓아둔 사람들도 있습니다. 도박처럼 하는 거 말고, 장기간 공부하고 경험을 쌓아 능력을 갖춘 사람들 말입니다. 이런 사람들에게서도 당당함이 느껴집니다. 자기가 믿는 구석이 있으니까요.

각 분야의 전문가도 그래요. 꼭 이 회사가 아니더라도 괜찮은 사람들인데요. 회사에서 함께 일하던 변호사가 떠오릅니다. 손꼽히는 글로벌 기업에서 높은 자리에 있었고, 이직도 여러 차례 했는데, 늘 어렵지 않게 옮겨요. 그러니 더욱 당당할 수 있었겠지요.

저는 어떤 경우냐면, 회사 생활을 하면서 꾸준히 블로그 등에 글을 썼습니다. 글쓰기, SNS 활용 능력이 생기면서 당당해졌습니다. 회사를 그만두어도 할 수 있는 것이 있다고 생각하니 자연스레 당당해지더라고요.

여러분은 어떤가요? 무엇이든 좋습니다. 내가 믿는 구석이 있어야 합니다. 나에게서 이 회사를 빼면 아무것도 없다는 생각이 들면, 내가 이 회사를 벗어나면 쓸모없는 존재라는 생각이 들면 한없이 초라해집니다. 회사에 집착하게 됩니다. 내가 불안해하는 것을 남들도 알고, 회사도 압니다. 내가 회사밖에 모르면 회사는 나를 만만하게 봅니다. 그러니 회사 밖에서도 유효한 나의 역량을 키워야 합니다. 역설적이게도 그러면 오히려 회사 생활을 더 당당한 모습으로 잘하게 됩니다. 사회생활과 인간관계도 더 좋아질 것이고요. 그러니 우리는 회사를 다니면서도 계속 믿을 구석을 만들어야 하는 것입니다.

7

도망친 곳에
천국은 없다

힘들면 도망치고 싶은 것이 사람의 심리입니다. 하지만 대부분의 경우 무턱대고 도망치면 상황이 더 나빠집니다. 현실이 너무 힘들면 사람이 숨을 곳이나 숨 쉴 구멍을 찾게 되는데, 사람들이 대개 어디로 도망가는지 6가지를 꼽아 보았습니다.

1. 술을 자주 마신다

괴로운 현실을 잊자며 삼삼오오 모여 술을 마시고, 술에 취해 신세 한탄을 합니다. 저도 회사 생활이 힘들 때 술을 많이 찾았습니다. 실적이 나빠지고 일이 꼬이면 개선할 방법을 찾아야 하는데, 술을 마시며 회피하려고 했습니다. 그런데 마실 때나 잠깐 좋지, 나를 힘들게 하는 문제는 전혀 해결되지 않습니다. 가끔 갖는 술자리는 기분 전환이 되지만, 반복하면 힘들 때마다 습관적으로 술로 도피하는 사람이 됩니다. 내가 점점 망가지는 거예요.

2. 주말에 잠만 잔다

힘들고 피곤하다는 이유로 주말을 침대와 하나가 되어 보냅니다. 필요 이상으로 많이 잡니다. 이것도 도피의 일종이에요. 피로 회복을 위해 충분한 수면과 휴식을 취하는 건 필요하지만, 계속 누워 있는 것은 도피하는 것입니다. 저도 힘들다는 핑계로 주말 내내 누워 있던 때가 있습니다. 가족들이 나가자고 해도 너무 힘들다며 움직이지 않았지요. 그러다 보면 정신적으로나 신체적으로나 점점 더 약해지는 나를 발견할 수 있습니다.

3. 주식 투자(단타)를 한다

주식 투자가 왜 도피인지 이해가 안 될 수 있습니다. 10명 중 1~2명은 투자를 합니다. 그런데 열에 여덟아홉은 도피용으로 합니다. 매일 호가창을 드나들며 샀다 팔았다 하면서 '언젠가는 터지겠지, 부자가 될 거야' 즐거운 상상 속으로 나를 도피시키는 겁니다. 문제는 이것이 매일 도박을 하면서 가능성이 적은 것에 자기를 걸고 있는 것과 같은데, 정작 본인은 나의 미래를 준비하고 있다고 착각한다는 것입니다. 이 또한 짧게나마 저도 경험이 있고, 주변에서는 정말 많이 보았습니다. 하루에도 수차례씩 단타를 하며 일확천금을 꿈꾸는데, 고단한 직장 생활을 잊게 해 주기도 하지만, 자칫 내가 미래를 위해 노력하고 있다고 생각하여 다른 준비를 전혀 하지 않게 만들기도 합니다.

4. 이민을 꿈꾼다

생각보다 많은 사람들이 이민병에 걸려 있습니다. '캐나다, 호주, 유럽 같은 곳에 가서 처음부터 다시 시작해 볼까?', '물가가 저렴한 베트남, 캄보디아 같은 곳에 가서 편하게 살아 볼까?' 이런 생각을 하며 인터넷으로 여러 정보를 찾아보지요. 이것도 현실에서 도망치려는 시도입니다. 저도 마음속으로는 세상 모든 나라에 한 번씩은 이민을 다녀온 것 같습니다.

5. 밤늦도록 영상을 본다

유튜브나 SNS를 보는데, 한번 보면 2~3시간은 금방 갑니다. 그런데 시간이 지나고 남는 것은 하나도 없죠. 새벽

두세 시가 넘어서 자면 다음 날 피곤하고, 안 그래도 심적으로 힘든데 수면 부족으로 더 피곤해지는 겁니다. 힘들고 피곤하니 즐거움을 찾아 유튜브나 SNS를 보고, 다시 잠이 모자라고, 현실에서의 문제는 그대로거나 더 심각해지고, 악순환이 계속되는 겁니다.

6. 회사를 그만둔다

1~5번은 회사를 계속 다니는 데 일시적으로나마 마음을 안정시키는 효과라도 있습니다. 가장 안 좋은 도피처는 '무작정' 회사를 그만두는 것입니다. 어느 날 갑자기, 대책 없이 말이지요. 그렇게 회사를 나오면 아주 높은 확률로 후회하게 됩니다. 준비 없이 나온 사람에게 세상은 그렇게 호락호락하지 않습니다. 그리고 또다시 급하게 다음 일자리를 찾으면 '전에 회사가 나았던 거구나, 좀 더 고민해 볼 걸' 하고 후회할 가능성이 높습니다.

저도 위의 것들을 다 해 보았어요. 날마다 술을 마시기도 했고, 주말에 잠만 잔 적도 있고, 주식 투자에 빠지기도 했고, 이민병으로 캐나다와 호주 이민도 엄청 알아봤고, 밤새 유튜브를 보기도 했습니다. 그러면서 2가지 결론을 얻었습니다.

❶ 정말 힘들 때는 잠시 도망가도 된다.
❷ 하지만 도망친 곳에 천국은 없다.

도망치는 것은 근본적인 해결 방법이 아닙니다. 잠시 다른 곳으로 관심을 돌리는 거죠. 원래 자리로 돌아오면 아무것도 나아진 것이 없는 현실이 기다리고 있습니다. 잠시 도망가도 괜찮습니다. 하지만 결국 내 문제를 내가 마주해야 해요. 도망감으로써 문제를 회피하려 하지 말고, 문제를 해결함으로써 그 문제에서 벗어날 수 있어야 합니다.

8

회사 생활이
부질없게 느껴지는 이유

저는 회사 생활이 부질없을 수 있음을 일찍이 깨달았습니다. 그래서 회사에 다니는 동안 퇴직 후에 내가 할 일을 미리 준비했습니다.

회사 생활의 가장 큰 문제점은 바로 내 것으로 남는 것이 별로 없다는 점입니다. 직장 생활을 아무리 오래 해도 나에게 쌓이는 것이 거의 없습니다. '왜 쌓이는 게 없어? 돈도 벌고, 연차도 늘어나고, 인맥도 넓어지고, 능력도 키우고… 쌓이는 게 이렇게 많은데'라고 생각할 수 있습니다. 그런데 이는 대부분 직장 생활이 끝나면 사라지는 것들입니다. 제가 말하는 쌓이는 것은 직장을 그만두어도 나의 경쟁력으로 남는 것을 말합니다.

직장 생활을 하면 돈을 법니다. 그런데 그만두고 나서도 그 돈을 계속 벌 수 있나요? 대부분은 아닙니다. 직장에서 돈을 버는 것은, 달리 말해 돈을 벌 수 있는 능력은 직장 생활이 끝나면 대부분 사라지므로, 고유한 나의 능력으로 쌓이는 것이 아닙니다.

직급은 어떤가요? 회사를 다니면서 과장, 차장, 부장 등으로 승진하지요. 그러고 나서 회사를 나오게 되면 내가 한때 차장이었고, 부장이었다는 게 큰 의미가 있나요? 이 또한 회사 생활과 수명을 함께하는 것으로, 쌓이지 않습니다.

인맥은 어떻고요? 회사를 나오면 그곳에서 맺은 인맥은 거의 다 사라집니다. 사라지게 되어 있습니다. 그대로 유지되는 것이 오히려 이상합니다.

일하는 능력은요? 자료 작성하는 능력, 발표하는 능력, 보고하는 능력 등은 남아 있을 테지만, 이런 능력은 회사를 나오면 거의 쓸모가 없고, 차별화되지 않는 능력입니다.

저는 회사를 다니면서 가장 답답했던 것이 이거였습니다. 누군가는 연봉이 오르지 않아서, 누군가는 상사가 싫어서 힘들어하지만, 저는 회사를 다니며 쌓이는 게 없다는 것이 가장 답답했습니다. 답답함은 10년 차, 15년 차가 넘어갈수록 더 심해졌습니다. 내 경쟁력은 점점 떨어지고 있고, 이대로 회사를 나가면 쓸모없는 사람이 될지도 모른다는 생각이 들었습니다.

그래서 어떻게 했을까요? 2010년 초반부터 주식과 부동산으로 투자를 시작했습니다. 2015년에는 개인 사업도 시작했습니다(아내가 개인 사업자가 되어 운영하고, 제가 도왔습니다). 2020년에는 블로그에 글을 썼습니다. 2022년에는 책을 냈습니다. 2025년 현재는 법인 회사를 가지고 있습니다.

이것들은 나에게 남는 것들입니다. 주식과 부동산은 내가 팔지 않는 한 나의 소유입니다. 아내와 한 개인 사업은 아주 잘되지는 않지만 온전히 우리 것입니다. 블로그를 하면 글도 쌓이고 이웃도 쌓입니다. 현재 6만 팔로워가 넘는데, 네이버가 망하지 않는 한 내 것입니다. 책 인세도 있습니다. 감사하게도 베스트셀러가 되었고 계속해서 인세가 발생하고 있습니다. 법인 회사에서는 대표로서 월급을 받습니다.

온전히 나에게 쌓이는 것을 만들어야 합니다. 부모님 세대는 오랫동안 안전하게 회사에 다니는 것을 제일로 여겼으나, 저는 회사만 다니는 것은 위험할 수 있다고 생각합니다.

이 이야기는 모든 직장인에게 해당되는 말은 아닙니다. 대체로 기술직이나 전문직은 회사를 다니면서 쌓은 경력과 실력이 회사 밖에서도 유효한 경우가 많습니다. 하지만 쉽게 대체될 수 있는 평범한 직장인의 경우라면, 어떻게 나만의 것을 만들까 궁리해야 합니다.

앞으로 희망퇴직, 권고사직이 더욱 쏟아질 것입니다. 미리 나만의 것을 준비하세요. 준비하셔야 합니다.

9

자산 격차가
　　　벌어지기
　　　　시작하는 나이

　두 명의 지인에 대해 이야기하려고 합니다. 비슷한 나이, 비슷한 교육을 받고, 같은 직장을 다닌 두 사람의 자산이 어떻게 바뀌고 차이가 생기는지에 대한 이야기입니다.

　제가 아는 지인 A, B가 있습니다. A와 B는 저보다 3살이 많은 40대 중반입니다. 서울의 상위권 대학을 졸업했고, 대기업에 들어와 20년 정도 일했습니다. 결혼을 했고, 자녀도 있습니다. 둘 다 무난히 부장까지 진급했고, 억대 연봉을 받은 지는 10년 정도 되었을 겁니다.

　A는 재테크에 관심이 많습니다. 회사 주식을 입사 때부

터 퇴사 때까지 매달 샀습니다. A가 다닌 회사는 다우존스 30에 들어가 있는 미국 기업입니다. 배당도 많이 주어서 배당 귀족주라고 불립니다. 월급의 10%까지 15% 낮은 금액으로 회사 주식을 살 수 있는데, A는 20년 동안 그렇게 회사 주식을 차곡차곡 모았습니다. 회사가 꾸준히 주가 성장을 한 것은 아니지만 그동안 3~4배가 올랐더군요. 중간에 일부 매도했어도 꽤 큰 수익을 얻었을 것입니다.

집도 샀습니다. 첫 번째 집은 서울 근교에 샀고, 그다음은 서울 중심으로 집을 옮겼습니다. 처음 산 아파트는 2배 이상 수익을 거두었고, 옮긴 곳도 이미 3배 가까이 올랐습니다.

B는 재테크에 관심이 없습니다. B 또한 회사 주식을 싸게 살 수 있었지만 그러지 않았습니다. 별로 좋지 않은 회사라고 생각하며 다녔죠. 집을 사는 것에 대해서도 부정적이었습니다. 원가에 비해 터무니없이 비싸다며 집은 사는(buy) 곳이 아니라 사는(live) 곳이라고 했습니다. 월급을 받아서 일부 저축을 하긴 했지만 주식이나 부동산에는 전혀 관심이 없었습니다. 거주도 주상복합에서 전세가 아니라 월세로 살았습니다.

A와 B 두 선배가 최근에 퇴직을 했습니다. 정확하게는 알 수 없지만, 제가 알고 있는 정보로 두 사람의 자산을 어림잡아 예상해 보겠습니다.

A는 퇴직금, 위로금, 회사 주식 그리고 서울 중심지에 아파트가 있습니다. 퇴직금 2억, 위로금 2억, 회사 주식 3억, 아파트 25억으로, 32억 정도의 자산이 있네요. 대출까지 감안하면 순자산은 28~30억 정도 될 것입니다. (보유 현금은 감안하지 않았습니다.)

B는 퇴직금 2억, 위로금 2억 그리고 월셋집의 보증금 1억이 있습니다. 대기업에서 20년 일했는데 남은 것은 5억입니다. (보유 현금이나 대출 가능성은 계산하지 않았습니다.) 물론 5억도 적은 돈은 아니지만, A와 B를 비교하면 비슷한 환경에서 직장 생활을 한 두 사람의 자산 격차가 6배까지 벌어졌습니다.

반드시 주식을 하라거나 집을 사라는 이야기가 아닙니다. 사람마다 상황이 다른데 제가 나서서 그런 이야기를 할 수는 없겠죠. 다음은 사마천의 《사기》에 나오는 구절인데, 제가 정말 좋아하는 글입니다.

'가진 게 아무것도 없을 때는 몸으로 노력하고, 그렇게 해서 조금 모이면 머리를 쓰며, 이미 풍요롭게 되었을 때는 시간의 흐름을 잘 타라.'

죽을 때까지 노동을 할 거라면 자산에 신경을 덜 써도 됩니다. 하지만 노동의 비중을 줄여 나가고 싶다면 자산을 형성하는 것이 맞겠죠. 저는 노동으로 번 돈을 자산으로 치환하는 작업을 꾸준히 해야 한다고 생각합니다. 대한민국에 살면서 내 집 한 채는 필수입니다. 어차피 누구나 살 곳은 필요하잖아요. 대신 상황에 맞게 사야 하고요. 주식은 최대한 보수적으로 하길 권합니다. 돈을 버는 것보다 잃지 않는 것이 10배는 중요한 것이 주식입니다.

자산을 만드는 데 관심이 없으면 주변에 꾸준히 재테크를 한 사람들과의 차이는 계속해서 벌어질 것입니다. 남과 비교하지 않더라도 내 삶이 힘들어질 거예요. 자산이 없다는 건 평생 노동을 해야 한다는 이야기고, 더는 노동을 하기 어려운 나이가 되면 삶이 정말 궁핍해질 수 있기 때문입니다.

10

회사를 쉽게 퇴사하면 안 되는 이유

퇴사에는 '준비 안 된 퇴사'와 '준비된 퇴사'가 있습니다. 준비 안 된 퇴사는 재앙일 수 있습니다. 그런데도 퇴사를 쉽게 생각하는 분들이 많습니다. 쉽게 퇴사하고 깊이 후회하는 사람을 제 주변에서도 많이 봤습니다. 무턱대고 퇴사부터 했다가 재취업을 못 하는 사람도 많이 봤습니다.

회사의 존재는 생각보다 중요합니다. 이유는 많습니다. 직장인이라는 신분 자체가 우리에게 제공해 줄 수 있는 것이 많습니다. 안정된 월급도 있지만, 신용도도 높여 주고, 각종 복지 혜택도 누릴 수 있습니다. 다닐수록 연차가 쌓이고, 퇴직금이 쌓입니다. 회사에 다닌다는 말은 회사 외의 다른 곳에서 무너지더라도 여전히 돌아갈 곳이 있다는 걸 의미합니다. 예를 들어 주식에서 손해를 봐도 월급을 받는다면 차차 만회할 수 있습니다.

다 알고 있는 사실이지만, 직장 생활을 하면서 얻는 혜택을 정리해 볼까요?

❶ 월급으로 생활 및 투자가 가능
❷ 신용을 통해 대출이 가능
❸ 4대 보험(국민연금, 건강보험, 고용보험, 산업재해보상보험)
❹ 국민연금·퇴직연금으로 노후 준비가 가능
❺ 다양한 복지
❻ 관련 분야 업무 스킬
❼ 관련 분야 인맥

저는 후배들에게 사업보다는 직장인으로 사회생활을 시작하라는 조언을 자주 합니다. 아직 세상 물정도 잘 모르고 자본력도 약한 시기인데, 처음부터 사업을 하면 실패할 확률이 성공할 확률보다 높습니다. 직장 생활로 시작하면 실패를 겪더라도 경제적으로 마이너스가 되진 않을 것입니다.

인생은 리스크를 줄여 나가는 게임과도 같습니다. 본업을 하면서 부업과 투자를 병행하는 일이 경제적 리스크가 가장 낮은 것이 사실입니다. 보험을 두어 어느 하나가 잘되지 않더라도 다른 곳에서 만회가 가능해야 합니다.

나의 목표가 사업을 하는 것이라면, 먼저 관련 분야의 탄탄한 기업에 들어가서 여러 노하우를 배워서 나오면 됩니다. 자신이 원하는 분야의 회사에서 일을 하다가 독립하여 성공을 거둔 사람들을 많이 볼 수 있습니다.

회사에 얽매일 필요도 없지만, 퇴사를 쉽게 생각하여서도 안 됩니다. 물론 퇴사를 하는 것이 더 나은 선택인 경우도 있는데요. 제가 생각하는 퇴사가 필요한 순간은 다음과 같습니다.

❶ 내가 하는 일에 회사가 방해되는 경우
❷ 보유 자산의 현금 흐름으로 월급 이상의 돈을 벌어들이는 경우

저는 이 2가지 조건을 충족하면서 회사를 그만두었습니다. 하지만 전혀 준비되지 않았는데 '회사 다니기 싫어서'

라는 이유로 퇴사하면 기다리는 것은 후회와 눈물입니다. 당장 퇴사 생각이 간절하더라도 충분히 준비한 후, 회사를 떠날 수 있는 상황에서 '준비된 퇴사'를 해야 합니다.

11

대기업 팀장
친구에게 닥친 일

제 친구의 이야기를 들려드리려고 합니다. 친구는 한국에서 손꼽히는 대기업에서 15년 이상 근무했습니다. 승진도 빨라서 동기들보다 과장, 차장, 부장도 먼저 달았습니다. 팀장이 되어 억대 연봉을 받으며 일하고 있었습니다.

그러던 어느 날 친구에게 연락이 왔습니다. 친구와 술자리를 가졌는데, 친구의 표정이 영 좋지 않았습니다. 간단히 근황을 주고받은 후, 친구는 자신의 상황을 털어놓기 시작했습니다.

친구가 다니는 계열사의 전년도 실적이 좋지 않았다고 합니다. 그러자 대표는 그 상황을 책임질 사람을 찾기 시작했고, 친구의 상사인 그룹장이 자리에서 내려오게 되었다고 합니다. 그러자 팀장들, 실장들의 거취도 문제가 되었지요. 올해 연봉은 모두 동결되었고, 채용 계획도 모두 중단되었습니다. 복지 혜택도 줄어들고, 법인카드 한도도 줄어들었습니다. 그리고 희망퇴직 이야기가 나오기 시작했다는 겁니다.

친구가 속해 있는 그룹의 팀이 5개라고 하면, 팀들이 통폐합되어 2개로 조정되고, 이에 따라 기존 팀장들 중에 절반 이하만 남게 되고, 팀원 일부는 한직으로 가거나 희망퇴직을 권유받게 된다는 것이었죠.

최근에 대표 이하 그룹장, 팀장 미팅이 진행되었고, 팀을 어떻게 통폐합할지에 대한 가이드라인이 나와, 팀별로 몇 명씩 희망퇴직 대상자를 작성해서 제출해야 했다고 합니다. 친구도 팀원들 중 희망퇴직 대상자를 선정하여 제출했고, 그 과정이 정말 괴롭고 힘들었다고 했습니다. 그 이후에 자신도 팀장 자리에서 물러나게 되었고, 남은 선택은 다른 팀장 밑에서 팀원으로 일하거나 희망퇴직을 하는 것 2가지였습니다.

친구는 누구보다도 회사 일을 열심히 잘해 왔고, 진급도 빨리 했고, 능력도 있는데, 그럼에도 불구하고 자신의 자리가 흔들린 것을 받아들이기 힘들어했습니다. 게다가 내보낼 팀원까지 자신에게 선정하게 만들고, 자신은 팀원으로 강등 또는 희망퇴직 대상자로 만든 것에 분노했어요.

아무리 능력이 있어도 회사가 힘들어지면 결국 누군가는 나가야 합니다. 또한 팀장, 그룹장 정도가 되면 어차피 능력 있는 사람들끼리 자리싸움을 해야 하는 거죠.

친구에게 조심스럽게 "너 정도면 이직도 가능하지 않겠어?" 하고 물었습니다. 하지만 친구는 크게 한숨을 쉰 후 대답했습니다. 어차피 회사는 다 거기서 거기고, 업계 전체가 불황이라 경쟁사들도 대부분 감원을 하는 상황이라고요. 이어서 회사에서 내쳐진 자신이 어디를 갈 수 있겠냐고, 마흔이 훌쩍 넘어 다른 조직에 적응하는 것도 문제라고 했습니다. 마흔이 넘으니 새로운 조직, 새로운 사람을 만나는 것에 겁이 나고, 남을 용기도, 떠날 용기도, 옮길 용기도 생기지 않는다고 하더군요.

결국 친구는 팀원으로 남기로 했습니다. 다행히 옮기는 팀의 팀장이 자기 선배라고 했습니다. 후배였다면 이 선택조차 할 수 없었을 것이라고요.

그러나 우리는 이 상황이 여기서 마무리된 것이 아니라

는 것을 잘 알고 있습니다. 회사는 또다시 어려워질 수 있고, 또 누군가는 나가야 합니다. 직급이 높을수록 희망퇴직 대상자가 될 가능성은 더 높습니다.

조직은 내 것이 아닙니다. 누구나 언젠가는 떠나야 하는 거죠. 그리고 그 시기가 점점 더 빨라지고 있습니다. 스스로에게 질문해야 합니다. '나는 회사를 떠나 자립이 가능한가?' 아니라는 생각이 든다면 회사를 떼어 놓고 내가 무엇을 할 수 있는지 지금부터 고민해야 합니다.

(친구에게 허락을 구하고 올리는 글입니다.)

나이 들수록 떨어지는 직장 생활 가성비

취업 준비생 생활을 끝내고, 처음 회사에 들어가면 모든 게 좋습니다. 세상을 다 가진 듯한 기분이 들기도 하지요. 직장 생활 가성비가 가장 높은 시기입니다. 이를 세 번의 시기와 5가지 항목으로 나누어 살펴보겠습니다.

첫 번째는 돈입니다. 대학교 졸업 때까지는 적자 인생을 삽니다. 아르바이트를 제외하면 돈을 벌어 본 경험도 거의 없습니다. 그러다 수천만 원의 큰돈을 벌기 시작합니다.

두 번째는 신분입니다. '내가 어느 회사를 다니는 사람이야'라고 말할 수 있는 사회적 신분이 생깁니다. 목에 건 사원증과 새로 받은 명함이 자랑스럽고, 나에게 든든한 울타리가 생긴 것 같은 기분도 듭니다.

세 번째는 배움입니다. 처음 회사에 들어가면 회사 문화와 용어 등 하나부터 열까지 많은 것들을 배워야 합니다. 저도 회사 생활에 필요한 기본 지식의 80~90%를 처음 1년 동안 배운 것 같습니다.

네 번째는 인맥입니다. 회사 동료, 거래처 사람 등 새로운 사람들을 많이 알게 됩니다. 이들과 함께 일을 하면서 인맥이 넓어집니다. 받은 명함이 한 장 한 장 쌓일수록 뿌듯한 마음도 들지요.

다섯 번째는 기회입니다. 회사는 신입 사원에게 관대합니다. 마치 입단한 프로 야구 선수가 2군에서 준비 기간을 갖는 것처럼, 회사가 나의 적응과 성장을 기다려 줍니다.

1년 차 신입에서 10년 차 과장이 되면 많은 것들이 바뀝니다.

첫 번째는 돈입니다. 매년 연봉이 오른다고 해도 5% 이상 상승하기 어렵습니다. 그렇다면 물가 상승률 정도입니다. 그보다 상승 폭이 크다고 해도 처음 입사 당시의 0원에서 수천만 원의 변화를 따라잡을 수는 없겠죠. 시간이 지날수록 보수에 대한 상승 체감은 줄어들 수밖에 없습니다.

두 번째는 신분입니다. 사람은 금세 익숙해지기 때문에

신입 때의 가슴 벅참은 더 이상 느낄 수 없습니다. 오히려 회사에 대한 불만이 쌓여 가죠.

세 번째는 배움입니다. 10년쯤 지나면 새롭게 배우는 것은 거의 없다고 볼 수 있습니다. 해 오던 대로 하고, 회사도 그 정도를 요구하고, 그냥 자리를 지킬 만큼만 배우고 일하게 됩니다. 내가 정체되었다고 느끼는 이유는 배움이 없기 때문입니다.

네 번째는 인맥입니다. 회사 내의 많은 사람이 바뀌고 사라집니다. 특히 상사가 하루아침에 자리를 잃는 모습도 많이 봅니다. 인맥의 무용함을 느끼게 되는 시점입니다.

다섯 번째는 기회입니다. 이제는 아무도 나를 이해해 주거나 기다려 주지 않습니다. 스스로 실적을 만들어야 합니다.

마지막으로 20년 차 팀장이 되었을 때를 생각해 봅시다. 어떻게 바뀔까요?

첫 번째는 돈입니다. 대기업을 기준으로 하면 1억 5천 미만, 중소기업이면 1억 미만일 것입니다. 연봉은 높아졌지만 부양가족이 늘었습니다. 상황에 따라 책임질 가족이 많은 팀장보다 미혼인 사원이 더 여유로울 수 있습니다.

두 번째는 신분입니다. 그나마 신분이 가성비가 가장 좋습니다. 여전히 나를 당당하고 자랑스럽게 만들어 주기도 하지요. 하지만 신분은 한순간에 사라지는 것이기도 합니다.

세 번째는 배움입니다. 관리직이 되면 배움은 더 줄어듭니다. 배움보다 상사 눈치를 살피며 보고하고 관리하느라 바쁩니다.

네 번째는 인맥입니다. 다양했던 관계, 많았던 사람이 어느 정도 정리되고 꼭 필요한 사람만 남습니다. 인맥은 계속 좁아질 것입니다.

다섯 번째는 기회입니다. 회사는 당신에게 기회를 줄 생각이 없을지도 모릅니다. 언제든지 쫓아낼 수 있는 존재라고 여길지도 모릅니다. 회사라는 집단에서 정해져 있는 수순인지도 모르겠습니다.

물론 예외인 사람도 있습니다. 직장 생활 가성비가 유지되거나 좋아지는 사람도 있지요. 그러나 대부분은 점점 가성비가 떨어지는 삶을 삽니다. 그렇다고 해서 가성비가 떨어지는 것을 가만히 두고 보아서는 안 됩니다. 다시 가성비가 높아지는 삶을 찾아야 합니다.

	1년 차 신입	10년 차 과장	20년 차 팀장
돈	적자 인생을 살다가 처음으로 스스로 큰돈을 벌기 시작함	물가 상승률 정도로 오를 때가 많고, 임금 상승 체감이 줄어듦	연봉은 높아졌지만, 부양가족도 많아짐
신분	'내가 어느 회사를 다니는 사람이야'라고 말할 수 있는 사회적 신분이 생김. 사원증과 명함이 자랑스러울 때	신입 때의 가슴 벅참은 사라지고, 오히려 회사에 대한 불만이 쌓여 가는 시기	여전히 나를 당당하고 자신 있게 만들어 주기도 하나, 한순간에 사라질 수 있는 것
배움	회사 문화와 용어를 익힘. 초반 1년이 가장 많이 배우는 시기	자리를 지킬 정도로만 배우고 일하게 됨	관리직이 되면서 배움은 더욱 줄어듦
인맥	회사 동료, 거래처 사람과 함께 일을 하면서 인맥이 넓어짐. 새로운 사람을 많이 알게 됨	자리를 떠나는 사람들을 많이 보면서 인맥의 무용함을 느낌	계속 함께해 온, 꼭 필요한 사람만 남음
기회	준비하는 시기라 여기고 회사가 나를 기다려 줌	실적으로 실력을 증명해야 함	더 이상의 기회는 없을지도 모르는 상태

3장

직장 밖에서도 흔들리지 않는 법

회사를
떠나야
보이는 것들

1

당신의 가치를
10배 높이는 방법

저는 매일 메○커피에서 커피를 마십니다. 아이스아메리카노가 2,000원입니다. 어느 날 출장이 있어서 기차역에서 커피를 샀는데 평소의 배가 넘는 4,800원이었습니다. 항상 마시던 2,000원짜리 커피보다 양도 적고 맛도 그저 그랬습니다.

그럼에도 불구하고 비싼 커피를 살 수밖에 없었던 이유는 기차역에 저가 커피 매장이 없었기 때문입니다. 커피를 가지고 기차에 오르고 싶은데 다른 선택지가 없습니다. 이렇듯 비슷한 물건도 장소에 따라 다른 가치를 가지게 됩니다.

어머니가 10년 전에 스위스의 융프라우에 다녀오셨는

데, 산 정상에 가니 한국 컵라면을 팔고 있었다고 합니다. 한국에서는 하나에 1,000원도 안 하는 컵라면을 만 원을 넘게 주고 사 드셨다고요. 라면 외에는 선택지가 없었기에 10배가 넘는 가격에도 사게 된 것이지요. 하지만 어머니는 그때 먹은 라면이 살면서 먹은 라면 중 가장 맛있었다고 하시더군요. 그렇게 꿀맛일 수 없었다고요. 어머니에게 융프라우에서 먹은 라면은 가격을 뛰어넘는 가치를 주었나 봅니다.

사람도 마찬가지입니다. 사람도 어디에 있느냐에 따라서 가치가 달라집니다. 집 앞의 커피보다 2배 비싼 커피를 기차역에서는 선택하게 됩니다. 편의점에서 1,000원의 가치인 컵라면이 스위스 산 정상에 가면 만 원의 가치가 됩니다.

내가 A 회사에서 받는 가치와 B 회사에서 받는 가치는 다릅니다. 회사원으로서의 가치와 작가로서 받는 가치는 다릅니다. 이곳에서는 천만 원의 가치, 어떤 곳에서는 5천만 원의 가치, 다른 곳에서는 수억 원의 가치가 될 수도 있습니다.

하지만 대부분의 사람들은 특별한 가치를 만들 수 있음

에도, 그것을 모른 채 살아가기도 합니다. 처음 선택한 직업이나 직장을 바꿀 생각을 전혀 하지 않고, 제자리에 머무는 것이 가장 안전하고 좋다고 여깁니다. 그렇게 자신의 가치와 가능성도 한곳에 머물고 맙니다.

내가 나의 진정한 가치를 알고 싶다면, 내가 있을 곳이 어디인지 끊임없이 고민해야 합니다. '나'라는 존재가 달라지지 않아도, 머무는 '장소'가 달라진다면 다른 가치가 만들어집니다. '자리가 사람을 만든다'는 말이 괜히 있는 것이 아닙니다. 우리의 인생은 생각보다 깁니다. 젊을수록 내가 머물 곳을 단정 지어 생각하지 마세요. 어디로 움직일 수 있을지 탐구하고 또 탐구하세요.

저는 십수 년 다닌 회사를 그만두고, 지금은 독립해서 일을 하고 있습니다. 40대 중반의 나이가 되었고요. 하지만 여전히 다른 자리에서 새로운 기회를 만나게 될지도 모른다고 기대합니다. 매년 새로운 것을 시도하면서 살고 있습니다. 고민하고 탐구하고 시도해야 내 가치를 알 수 있고, 내 가치를 높일 수 있습니다.

2

퇴사 후 인맥이
끊기는 순간
찾아오는 터닝 포인트

살다 보면 주변 사람이 바뀌는 경험을 하게 되는데요. 그때가 삶을 바꿀 수 있는 때입니다. 언제 주변 사람이 달라지나요? 아주 옛날로 돌아가 보면, 초등학교 졸업하고 중학교 입학할 때 친구들이 바뀝니다. 중학교에서 고등학교에 갈 때나 고등학교에서 대학교에 갈 때도 그러하고요. 직장에 들어가도 그렇습니다. 혹은 어학연수를 가 보셨나요? 그 기간 동안 인간관계가 완전히 달라집니다. 귀국하면 다시 바뀌고요. 그렇게 주변 사람이 계속 바뀌는데, 지나고 생각해 보니 그때가 삶을 바꿀 기회였습니다.

저는 한 회사를 16년 동안 다녔습니다. 직원이 천 명이 넘었고, 얼굴을 아는 고객도 천 명이 넘었습니다. 거기에다 협력 업체 사람들 연락처도 천 개 넘게 가지고 있었지요. 수천 명을 알고 지냈으나, 회사를 그만둔 이후까지도 연락을 주고받는 사람은 그중 단 2명입니다.

시절 인연이라는 말을 들어 보셨나요? 모든 것이 시절 인연입니다. 초중고등학교, 대학교, 회사에 다닐 때 만난 사람은 그 시절 어떤 이유로 함께하는 거지, 시간이 지나면 모두 잊히고 헤어질 사람들입니다.

물론 '난 아닌데? 꾸준히 동창회에 나가고, 전 직장 동료들도 만나고 있는데?' 하는 분들도 계시겠죠. 그 사람들은 시절 인연이 아니라, 진짜 인연인 것입니다. 사람들이 나를 떠날 때 혹은 내가 사람들을 떠날 때, 진짜 인연도 가려지는 거예요.

비워야 채워지는 법입니다. 사람들이 다 떠나고 남지 않았다면 그건 가짜 인맥이었던 겁니다. 도움이 되지 않으면 끊어지는 것은 아주 본능적인 일입니다.

애매한 인간관계가 사람을 힘들게 합니다. 주변 사람이 바뀔 때 오히려 이전 관계를 깨끗하게 정리하는 게 장기적으로 삶에 도움이 됩니다. 이전 관계를 붙들고 있는 건 서로의 미래를 위해서는 도움이 안 되는 경우가 많습니다.

인맥이 끊길 때가 진정한 나를 만날 시간입니다. 저도 퇴사하고 나서야 알았습니다. 수천 명의 사람들이 사라지고 나니, 나를 위한 준비에 몰입할 수 있었어요. 우리는 살면서 수많은 타인에 휩싸여 정작 나를 위한 시간을 가지지 못해요.

주변 사람이 바뀌는 것, 인맥이 바뀌는 것, 심지어 주변 사람이 나를 떠나는 것은 사실 나쁜 일이 아닙니다. 이는 새로운 시작을 의미합니다. 혹시 지금 그런 시간을 보내고 있다면 그저 흘려보내지 말고 자신을 위한 시간으로 만들면 좋겠습니다.

3

파이어족이라는
허상

2021~2022년경 코로나 시기에 '파이어족'이라는 말이 유행했습니다. 일찍 은퇴 자금을 모아 30대 후반에서 40대 초반에 은퇴하는 것을 목표로 하는 사람들을 뜻하는 말로, 경제적 자립(Financial Independence)과 조기 은퇴(Retire Early)의 영어 앞 글자를 따 FIRE족이라고 부르게 된 것입니다. 파이어족에 대해 여러분은 어떻게 생각하시나요?

2020년경 저는 투자 블로그를 운영하고 있었습니다. 스터디도 하고, 세미나도 진행했습니다. 그래서 함께 투자했던 많은 분들의 결괏값을 가지고 있습니다. 당시 투자에 열중했던 수많은 사람들 중에 정말 극소수만 의미 있는 돈을 벌었습니다. 나머지 80% 이상의 사람들은 크고 작은 손실을 보았습니다. 증권사 통계에 따르면 주식 투자자의 90% 정도가 손실을 본다고 합니다.

당시에는 장이 좋았습니다. 그런데 왜 손실을 본 사람이 훨씬 많았을까요? 상승장에서 잦은 단타를 시도하다가 오히려 손실을 본 사람도 있고, 코로나 시기에 벌었던 돈을 2022년 하락장에 거의 다 잃은 사람도 있었습니다. 심지어 회생 불가능한 수준의 손실을 본 사람도 심심찮게 있었습니다.

투자에 내가 가진 모든 것을 거는 일은 위험합니다. 그런데 모든 것을 걸지 않고는 파이어족이 되기 어렵습니다. 큰돈을 목표로 하니 큰돈을 걸어야 하는 것입니다. 그렇기에 삶 자체가 위험해질 수 있습니다.

저도 파이어족을 목표로 한 적이 있습니다. 빨리 회사를 탈출하기 위해 열심히 투자했고, 꽤 큰돈을 모으기도 했습니다. 주식 투자를 10년 넘게 했고 코로나 시기에는 투자를 늘려서 단기간에 자산이 3배 이상 늘어나기도 했습니다. 부동산 가격까지 상승하자 '나도 이제 파이어족이 되는구나!' 생각했습니다.

그런데 2022년에 무슨 일이 있었나요? 금리가 올라가면서 자산 가격이 일제히 떨어지기 시작했습니다. 저도 고점 대비 30% 이상의 하락을 맞았습니다. 대출이 증가하면서 비용도 급격히 상승했습니다. 그때 확실히 깨달았습니다. 자산 가격은 언제든지 변동할 수 있다는 것을 말입니다. 오늘의 날씨가 아무리 맑아도 내일 갑자기 폭우가 쏟아질 수 있는 것처럼요.

고점일 때 주식, 부동산 등을 모두 현금화하면 되지 않느냐고 반문할 수도 있습니다. 하지만 인간이 고점임을 깨닫는 것은 불가능에 가깝습니다. 그리고 고점을 계산하고 미리 나올 정도면 애초에 고점으로 가는 과정을 견디지 못했을 확률이 높습니다. 결정적으로 모두 현금화했더라도 현금 역시 안전하다는 보장이 없습니다. 인플레이션이 발생하면 현금 가치도 하락하기 때문입니다.

제 주변에서 유일하게 파이어(FIRE)에 성공한 친구가 있습니다. 주식으로 50억 정도를 벌고, '주식은 불의 기운과 같아서 땅에 묻어야 한다'며 원룸 건물을 매수한 친구입니다. 어느 날 친구에게 이른 나이에 은퇴하니 어떠냐고 물어보았더니, 이런 대답을 들려주었습니다.

"처음에는 쉬는 것이 마냥 좋아서 아무것도 안 했는데, 반년 정도 지나니 노는 것도 고역이더라. 사람은 일을 해야 한다는 걸 깨달았어. 처음에는 원룸 건물 관리도 다른 사람에게 다 맡겼는데, 지금은 내가 직접 하고, 인테리어 일도 배워서 직접 하고 있어. 그리고 소액으로 주식도 여전히 하고 있고. 사람은 일을 하면서 살아야 하는 동물이야. 단 경제적인 여유가 있으면 내가 좋아하는 일을 선택해서 할 수 있는 거지. 돈이 있어서 좋은 점은 그거야."

제 생각과 친구의 말을 정리하면 이러합니다.

❶ 파이어족 중에서 성공하는 건 극소수이다.
❷ 파이어를 목표로 하다 실패하거나 심지어 망하는 경우도 많다.
❸ 파이어를 했다고 해도 그 자산이 유지된다는 보장은 없다.
❹ 사람은 일을 해야 하는 동물이다.

제가 파이어족의 개념에서 동의하는 부분은, 퇴사 이후를 미리 준비해야 한다는 것입니다. 저는 조기 은퇴 자금에 해당하는 큰돈을 벌어서 회사를 그만두겠다는 극단적인 생각보다 여러분이 이런 생각을 가지기를 추천합니다.

❶ 회사를 그만두어도 월급에 준하는 돈을 벌 수 있는 시스템을 '만들어 놓고' 퇴사하기
❷ 회사를 그만두어도 월급에 준하는 돈을 벌 수 있는 시스템을 '만들어 가는 과정에서' 퇴사하기

1번은 완성형이고, 2번은 미완성이지만 퇴사 후 완성될 청사진이 있는 경우입니다. 저는 1.5번 정도였던 것 같습니다. 회사를 그만둘 때, 주식과 부동산 자산, 온라인 수익이 있었고, 첫 번째 책도 계약한 상황이었습니다. 직장에서 버는 돈과 비슷한 정도의 수입을 만들 수 있겠다고 생각하던 시점이었습니다.

완성될 때까지 기다리는 것도 좋지만, 저처럼 1.5나 2번의 상태로도 괜찮습니다. 저는 회사를 다니면서 출간하는 것은 어려운 상황이었습니다. 이렇게 내가 나아갈 길을 회사가 가로막고 있을 수도 있습니다. 그렇다면 앞으로 나아가기 위해서 퇴사를 선택할 수도 있겠지요.

인생에 한 방은 없습니다. 한 방을 노리다가 오히려 내가 가진 것을 다 잃을 수 있습니다. 현재는 자산 버블 시대가 아니라서 파이어족이라는 단어가 유행하지 않지만, 또다시 유행할 때가 올 것입니다. 저는 그때가 되더라도 당신이 일을 중심에 두길 바랍니다. 내가 좋아하는 일을 꾸준히 하는 것이 가장 중요합니다. 관심의 초점을 '내가 싫어하는 일에서 좋아하는 일로 옮겨 간다'로 두면 좋겠습니다. 공자의 말처럼, 내가 내 일을 좋아하면 평생 하루도 일하지 않게 될 것입니다.

4

직장 이렇게 그만두면 망한다

수많은 선후배, 동료들이 회사를 그만두고 다른 일을 시작하는 경우를 보았습니다. 그중에 '아, 저렇게 그만두면 안 되겠다!' 하고 느낀 적도 많았고, 그들의 공통점도 찾을 수 있었습니다. 인물을 특정할 수 없도록 일부 각색하여 들려드립니다.

첫 번째는 투자 관련 상황입니다. 2018년경, 아는 후배가 모 주식으로 15억 정도의 투자 수익을 거두었습니다. 후배는 2~3억의 시드머니가 있었는데 15억 이상 벌고 자산이 거의 20억이 되었습니다. 자산이 눈덩이처럼 불어나자 후배는 흥분을 감추지 못했습니다. 그리 조용한 타입이 아니었기에 여기저기 알리고 다녔습니다. 회사에서 곧 유명해졌는데, 그럴 수밖에 없었던 게 매일같이 주식 이야기만 했거든요. 그때 후배를 따라서 주식을 산 사람들도 많을 겁니다.

후배는 얼마 지나지 않아 당당하게 회사를 그만두었습니다. 이후는 어떻게 되었을까요? 나간 지 1년도 되지 않아 망했다고 합니다. 수익을 가져다준 종목에 과한 레버리지를 걸었고, 이후 주가가 거의 반의반 토막이 나면서 가지고 있던 자산을 다 잃고, 2억 정도의 빚까지 지게 되었습니다. 20억 자산가에서 2억 빚쟁이가 된 것이죠.

후배는 다시 취업을 하려고 했지만 쉽지 않았습니다. 그 이후의 소식은 잘 모릅니다. 잘 살고 있기를 바라지만 그렇지 못할 확률이 높습니다. 쉽게 버는 돈에 중독이 되면, 근면 성실의 가치를 잊게 되는 경우가 많습니다. 주식으로 큰돈을 버는 것이 축복인 동시에 불행의 씨앗이 될 수도 있는 거죠.

두 번째는 직장에서 상사와 싸운 선배입니다. 사람들 앞에서 상사에게 제대로 대들었습니다. 아마 본인 입장에서는 참다 참다 못 참고 때려치우겠다는 생각으로 그랬던 것 같습니다. 바로 회사를 그만두고 나가서 음식점을 차렸습니다. 그가 나갈 때가 기억납니다. '두고 보라고, 잘돼서 고급 외제 차를 몰고 찾아오겠다'고 사람들에게 큰소리치고 나갔습니다. 마지막 술자리에서는 동료들이 그를 응원하는 마음으로 계산한다고 해도 자기 돈 많다면서 본인이 사더군요. 퇴직금에 마지막 직장인 대출까지 해서 3억을 손에 쥐니 당당해졌을 겁니다. 이후는 어떻게 되었을까요? 음식점을 제대로 열어 보기도 전에 권리금과 인테리어 사기를 당하고 맙니다. 권리금이 거의 없는 곳에 높은 권리금을 주고 들어갔고, 인테리어 공사에 몇 억을 들였는데 그것도 사기를 당한 거예요. 직장인 대출을 최대한 받고 나간 그 선배는 퇴직금마저 모두 날리고 재기 불능 상황에 놓이게 되었습니다. 그 후에는 연락이 닿지 않습니다.

세 번째는 회사에서 잘나가는 에이스였던 상사입니다. 회사 일과 관련된 유통 시장으로 자기 사업을 차려 나갔습니다. 일도 잘하고 주변에서 인정도 받았기에 자신감이 넘쳤습니다. 그런데 결과는 좋지 않았습니다. 5년 동안 재산만 축내고 결국 폐업을 했습니다. 지금은 중국에 가서 친구의 일을 돕고 있다고 들었습니다.

중간에 그분과 이야기를 나눈 적이 있는데요. "내가 잘

나서 잘나가는 줄 알았다. 그런데 회사를 그만두고 회사 배경 다 떼고 일해 보니, 사실은 회사 시스템 안에서 잘하는 사람인 것이었다"라고 하더군요. 개인적으로 좋아했던 선배라 안타까움이 컸습니다.

 이들의 공통점은 무엇일까요? 투자 수익을 거둔 후배는 요행을 실력으로 알았습니다. 두 번째 선배도 자신이 음식점을 잘할 거라고 근거 없는 자신감을 가졌고요. 세 번째 상사는 자신의 실력이 대단한 줄 착각했던 거죠. 우리는 생각보다 자신에 대해서 잘 모르고, 스스로의 실력을 과대평가합니다. 자신감을 가지는 것은 좋지만 겸손함도 겸비해야 합니다. 자신을 과소평가할 필요는 없지만 냉정하게 바라볼 줄도 알아야 해요.
 누구나 회사를 떠납니다. 퇴사를 할 때는 마음가짐도 중요합니다. 어떠한 마음가짐인지가 회사 없는 세계에서의 삶에 큰 영향을 끼칩니다.

5

은퇴 후 망하게 되는
3가지 지름길

회사를 그만두거나 은퇴한 후 힘든 삶을 살게 되는 경우를 자주 접합니다. 수십 년 동안 일하며 모은 돈과 퇴직금을 한순간에 잃는 경우도 많습니다. 이러한 위험을 3가지 유형으로 나누어 살펴보겠습니다. 생각보다 이런 일은 정말 흔하게 일어납니다.

1. 하나에 올인하는 경우

첫 번째 유형은 특정 분야에 모든 자산을 투자하는 경우입니다. 오랜 기간 직장 생활을 하고 퇴직하면 허무함을 느낄 수 있습니다. '내가 이렇게 오랫동안 일했는데 남는 것이 없구나!', '그동안 무엇을 위해 회사에 충성했을까?', '지금까지 일한 결과가 고작 이 정도라니….'

그동안 너무 안전한 길만 걸어왔다는 생각이 들 수도 있습니다. '이제는 도전이 필요해.', '지금이 기회일 수도 있어.'

이런 생각들로 인해 주식, 가상화폐, 부동산 등 특정 분야에 전 재산을 투자하거나, 커피숍이나 음식점 등 자영업을 선택하는 경우가 많습니다.

문제는 이러한 선택을 할 때 자신의 자금력을 몽땅 쏟아 붓는 것입니다. 특정 분야에 대한 충분한 이해 없이 자산의 대부분을 투자하거나 심지어 대출까지 받아서 시작하는 것은 스스로를 위험에 빠뜨리는 행위입니다. 자산을 소중하게 다루세요.

2. 사람을 너무 쉽게 믿는 경우

첫 번째 유형과 연결되기도 하는 내용입니다. 과도한 투자는 누군가의 추천으로 결정하는 경우가 많습니다. "내가 이렇게 잘됐는데, 너도 하면 큰돈을 벌 수 있을 거야.", "한 번 시작해 봐."

프랜차이즈업체 담당자의 '이 사업을 시작하면 무조건 성공한다'는 말에도 혹하게 됩니다. 유튜브나 블로그에도 '쉽게 돈 버는 방법'을 소개하는 콘텐츠가 넘쳐 나고요.

하지만 사람들은 자신의 이익을 좇아 움직입니다. 친구의 투자 권유는 자랑을 하기 위함이고, 프랜차이즈업체 담당자는 실적을 올리기 위해, 유튜버나 블로거는 수익을 얻는 것이 목적입니다. 진심으로 당신을 위해 추천하고 조언하는 것이 아닙니다.

제 주변에도 이렇게 실패한 사례가 많습니다. 심지어 가장 친한 친구에게 사기를 당한 사례도 있습니다. 큰돈을 손에 쥐게 되면 주변 사람들을 경계해야 합니다. 상대의 말을 쉽게 믿지 말고, 그 속에 깔려 있는 의도를 파악하세요.

3. 거주지를 급격하게 변경하는 경우

직장을 그만두거나 은퇴를 하게 되면 '이제는 내가 원하는 삶을 살아야겠다'라고 생각할 수도 있습니다. 그 결과 농촌이나 어촌에 가서 살기로 결정하는 경우도 있습니다.

사람은 자신이 경험해 보지 못한 것에 대한 환상을 가집니다. 현재 누리고 있는 것은 당연하게 여기고, 경험해 보지 못한 것은 더욱 멋지고 대단하게 보는 경향이 있습니다. 평생 도시에서 회사 생활을 하던 사람이 갑자기 귀농이나 귀어를 하면 실패할 확률이 높습니다.

더 극단적인 경우는 이민입니다. 저도 한때 캐나다 이민을 꿈꾸었던 적이 있습니다. 그러나 이민은 생각보다 훨씬 어려운 과정입니다. 당연한 이야기지만 나이가 들수록 더 힘들어집니다. 하지만 이민에 대한 환상이 지나치면 논리적인 판단이 어려워집니다. '이민병'이라는 표현을 쓰는데, 한번 생각에 빠지면 가지 않고는 만족할 수 없다고 합니다. 만약 그렇다면 이민을 결정하기 전에 먼저 살아 보는 것을 추천합니다. 저는 캐나다에서 1년간 지내면서 많은 것을 깨달았습니다. 이민이 나에게 맞지 않고, 한국에서 사는 것이 좋다고 생각하게 되었습니다. 만약 미리 가보지 않고 섣불리 이민을 결정했다면 인생에서 가장 큰 후회가 되었을 것입니다.

위의 3가지 유형의 공통점은 조급한 결정입니다. 사실 회사를 그만두면 마음이 조급해질 수밖에 없습니다. 무언가를 해야 한다는 강박에 빠지기도 합니다. 그러다 보면 실수를 하게 됩니다. 상상 속의 삶과 현실은 다를 수 있고, 급격하게 삶의 방향을 바꾸는 것은 위험합니다. 극단적인 결정을 피하고 작은 규모로 체험부터 해 보는 것을 추천합니다. 모든 선택은 신중해야 한다는 것을 명심하세요.

6

퇴사 후 직면하게 되는 문제
- 대출

직장인 대출은 저를 당황하게 만들었던 것 중 하나입니다. 저는 퇴사 전에 신용 대출 6천만 원이 있었습니다. 연 4~5%의 저금리로 10년간 유지되는 대출이었습니다. 대출은 매년 5월에 연장되었습니다.

4월경에 은행에서 전화로 제가 회사를 다니는지 확인한 후, 회사를 통해 추가 확인이 있을 수도 있다는 설명을 남기며 계약이 연장되었습니다. 중간에 승진을 하게 되면 한도와 이율에 대한 추가 심사를 받을 수 있었는데, 저는 한도 상향으로 추가 대출을 받기도 했고, 이율을 조정하기도 했습니다.

2023년 10월에 퇴사한 후 2024년 5월에 심사를 받았는데, 이번에는 대출이 연장되지 않았습니다. 은행에서는 이미 제가 퇴사한 사실을 알고 있었고, 해당 대출을 반드시 갚아야 한다고 했습니다. 당시 저는 프리랜서로 벌어들이는 소득이 있고, 부동산도 보유하고 있었지만, 직장인 대출은 직장인에게만 적용된다고 설명했습니다. 또한 직장을 옮긴 경우에도 새로 심사를 진행해야 하므로 기존 대출금은 갚아야 한다고 안내했지요. 6천만 원이라는 큰 금액을 한꺼번에 갚아야 했고, 갚지 못하면 신용에 문제가 생길 수도 있었습니다. 다행히 퇴직금이 있었기에 대출금을 상환할 수 있었습니다. 만약 퇴직금을 다른 용도로 사용할 계획이었다면 예상치 못한 어려움을 겪을 수도 있었을 것입니다.

회사는 우리에게 높은 수준의 신용을 제공합니다. 회사를 그만두면 신용도 역시 달라집니다. 그래서 기존의 직장인 대출은 상환하고, 나의 변화된 조건으로 다시 대출을 받아야 할 수 있습니다. 따라서 퇴사를 결심했다면 바뀌는 신분에 따른 대출 조건 변화를 반드시 확인해야 합니다.

퇴사 이후에 최대한 오랜 기간 대출을 유지하고 싶다면, 회사를 그만두기 직전에 직장인 대출을 받고 12개월 동안 사용하는 방법을 고려할 수 있습니다. 제 동료 중 한 명은 회사를 그만두고 사업을 시작할 계획을 가지고 있었습니다. 그는 퇴사 후 신용 대출이 어려워질 것을 예상하고, 퇴사 직전에 1억 원의 대출을 받았습니다. 해당 대출과 퇴직금, 저축해 둔 돈을 모아 사업을 시작할 수 있었습니다.

퇴사 후 대출이 어려워진다는 것은 신용 기반이 사라졌음을 의미합니다. 즉, 직장을 담보로 대출이나 기타 금융 혜택을 받을 수 없게 되는 것이죠. 그렇기에 저는 내 집이 있어야 한다고 생각합니다. 서울 핵심지가 아니더라도 어디든 자신의 집을 마련하는 것이 중요합니다. 내 집이 있으면 다음의 3가지 혜택이 생깁니다.

❶ 경제적 안정 - 전세나 월세를 내지 않아도 됨
❷ 거주의 안정 - 내 집이 있다는 데서 오는 심리적 편안함
❸ 담보 기능 - 집을 담보로 대출이 가능

특히 강조하고 싶은 부분은 3번입니다. 집은 대표적인 담보 수단으로 활용될 수 있습니다. 퇴사 이후의 삶에 내가 소유하고 있는 부동산은 여러모로 큰 힘이 됩니다.

7

퇴사 후 직면하게 되는 문제
- 4대 보험

회사를 그만둘 때 가장 크게 마주하는 것 중 하나는 신분에 따른 4대 보험의 변화입니다. 4대 보험이 구체적으로 무엇인지는 몰라도 다 들어 보셨을 거예요. 직장인이라면 누구나 4대 보험에 가입되어 있다고 보면 됩니다. 직장 생활을 할 때는 당연하게 누리던 혜택이라 인식하지 못할 수도 있지만, 퇴사 후에는 큰 차이를 실감할 수 있습니다. 따라서 퇴사 전에 4대 보험의 변화 또는 상실로 인한 공백을 미리 대비해 놓는 것이 좋습니다.

저는 4대 보험에 대해 잘 모른 채 퇴사했기에 모든 것이 생소했습니다. 가뜩이나 퇴사 후에 챙겨야 할 것들도 많은데, 미리 알고 있었다면 더 여유롭게 준비하고 대응할 수 있었을 것입니다.

직장인은 국민연금, 건강보험, 고용보험, 산재보험의 혜택을 받습니다. 직장마다 구체적인 내용은 다소 다를 수 있지만, 기본적으로 회사에서 지원하는 내용은 다음과 같습니다(2025년 8월 기준).

❶ 국민연금 - 총 급여의 9%가 부과되며, 근로자와 사업주가 각각 4.5%씩 부담

❷ 건강보험 - 7.09%가 부과되며, 근로자와 사업주가 각각 3.545%씩 부담

❸ 고용보험 - 1.8%가 부과되며, 근로자와 사업주가 각각 0.9%씩 부담

❹ 산재보험 - 업종별로 차등 적용되며, 사업주가 전액 부담

퇴사 후 4대 보험에 어떤 변화가 있는지도 하나씩 살펴보겠습니다.

1. 국민연금의 변화

· 직장 가입자 자격이 상실되며, 지역 가입자로 전환되거

나 납부를 중단할 수 있습니다.

- 소득이 없으면 납부 예외를 신청할 수 있으며, 이후 소득이 발생하면 다시 납부해야 합니다.
- 연금 가입 기간을 유지하고 싶다면 임의 가입을 통해 계속 납부할 수 있습니다.
- 일정 조건을 충족하면 추후 납부를 통해 공백 기간을 메울 수도 있습니다.
- 직장을 다니지 않으면 회사 부담분이 사라지므로 본인이 전액을 부담해야 합니다.

2. 건강보험의 변화

- 직장 가입자 자격이 상실되며, 지역 가입자로 자동 전환됩니다.
- 지역 가입자는 소득과 재산을 기준으로 보험료가 산정되므로, 직장 가입자보다 보험료가 높아질 수 있습니다.
- 배우자나 부모님이 직장 가입자라면 피부양자로 등록하여 보험료 부담을 줄일 수 있습니다.
- 퇴사 전 18개월 중 직장 가입자 자격을 1년 이상 유지했다면, 임의 계속 가입을 신청하여 최대 36개월 동안 직장 가입자 자격을 유지할 수 있습니다.

3. 고용보험의 변화

· 퇴사하면 더 이상 고용보험료를 내지 않으며, 직장인이 아니면 가입 대상에서 제외됩니다. 퇴사 전 18개월 중 180일 이상 고용보험에 가입되어 있었다면 실업급여를 받을 수 있습니다.

· 실업급여는 비자발적 퇴사(권고사직, 계약 종료, 사업장 폐업 등)일 경우에만 신청 가능합니다.

· 실업급여를 받으려면 고용 센터에 정기적으로 구직 활동을 보고해야 하며, 실업 인정 절차를 거쳐야 합니다.

· 고용보험 가입자는 재취업 지원 프로그램을 무료로 이용할 수 있습니다.

저는 프리랜서로 일을 이어 갔기 때문에 실업급여를 신청할 기회가 없었지만, 퇴직 후 공백이 있다면 실업급여를 받으며 미래를 준비하는 것도 좋은 방법입니다.

4. 산재보험의 변화

· 퇴사 후 직장에 속하지 않으면 해당 사항이 없습니다. 하지만 퇴사 전에 발생한 업무상 재해를 퇴사 후 확인하게

된다면 근로복지공단을 통해 보상받을 수도 있습니다.

· 요양급여, 휴업급여, 장해급여 등의 혜택을 받을 수 있으며, 신청을 위해 관련 서류를 제출해야 합니다.

간단히 정리하면 다음과 같습니다.

❶ 국민연금 - 자동 중단되지만, 소득이 있으면 본인 전액 부담으로 계속 가입 가능함
❷ 건강보험 - 직장 가입자에서 지역 가입자로 전환되어 보험료 부담이 커질 수 있음
❸ 고용보험 - 퇴사 후 납부 대상에서 제외됨
❹ 산재보험 - 퇴사 후 납부 대상에서 제외됨

특히 건강보험료는 평생 납부해야 하는 항목이므로, 퇴사 전에 반드시 확인해야 합니다. 직장 가입자는 회사와 본인이 보험료를 절반씩 부담하지만, 지역 가입자는 전액 본인 부담입니다. 지역 가입자의 보험료는 소득, 재산, 자동차 보유 여부 등을 기준으로 산정되므로, 직장 가입자보다 높아질 가능성이 있습니다. 부동산을 소유하고 현금이 적은 분이라면 부담이 더 크게 느껴질 수도 있습니다.

현재 퇴사를 고려 중이라면 신분 변화에 따른 대출 조건, 세금 부담, 건강보험료 인상 등을 반드시 점검해야 합니다. 미리 준비하면 예상치 못한 경제적 어려움을 줄이고, 안정적으로 새로운 삶을 시작하는 데 도움이 될 것입니다.

8

회사를 그만두면
어떻게 살아야 할까?
- 4가지 경제 활동 형태에 따라

직장을 나오고 나서도 경제 활동을 이어 가야 합니다. 물론 일을 하지 않아도 생계를 유지하는 데 문제없는 사람도 있을 것입니다. 그러나 극소수에 불과하겠지요. 대부분의 사람들은 크든 작든 경제 활동을 하지 않으면 직장 다닐 때의 경제적 수준을 유지하기 힘듭니다. 또한 충분한 돈이 있다고 해도 일은 단순히 돈벌이 수단이 아니라, 자아실현의 수단이기도 합니다.

직장인일 때는 회사에 다니는 것 외의 경제 활동에 대해서는 잘 알지 못합니다. 경제 활동 형태는 직장인 말고도 프리랜서, 개인 사업자, 법인 사업자 등이 있습니다. 저는 이 4가지를 모두 경험해 보았습니다.

1. 직장인 - 회사에 다니면서 월급을 받는 사람

회사와의 계약을 통해 정해진 시간 동안 일하고 회사에서 주는 급여로 생활합니다. 회사를 그만둔 후 다른 회사로 옮기는 경우에는 여전히 직장인입니다. 아르바이트를 하는 경우도 이에 포함될 수 있습니다. 그러나 아르바이트의 경우에는 4대 보험이 적용될 수도 있고, 그렇지 않을 수도 있습니다. 예를 들어 편의점 아르바이트의 경우 주 15시간 이상이나 월 60시간 이상 근무하면 4대 보험 가입 대상이 됩니다.

2. 프리랜서 - 특정 회사에 소속되지 않고, 프로젝트별로 계약하여 일하는 사람

프리랜서로 살아간다면 본인이 일을 선택해서 할 수 있습니다. 온라인 수익도 이에 해당될 수 있습니다. 예를 들어 네이버 블로그에서 애드포스트를 받거나, 유튜브에서 애드센스 수익을 받는 경우가 있습니다.

프리랜서는 일거리와 소득이 일정하지 않아 불안정할 수 있습니다. 개인연금 및 건강보험도 직접 챙겨야 합니다. 고용주는 원천징수 하는 3.3%를 제한 금액을 프리랜서에게 지급합니다. 매년 5월에 종합소득세를 납부하며, 연간 매출액이 8천만 원을 넘으면 10%의 부가가치세도 내야 합니다.

회사를 다니면서 프리랜서로도 일을 하고 있는 경우, 직장에서 이를 문제 삼을까 봐 걱정될 수 있습니다. 저도 회사 생활 후반기에는 이런 형태였습니다. 그런 경우, 아래 내용을 확인해 보세요.

· 근로 소득(직장 월급)과 사업 소득(프리랜서 수입)을 함께 신고해야 합니다.
· 근로 소득은 매년 1~2월에 연말정산으로 진행하고, 5월에 종합소득세 신고를 해야 합니다. 프리랜서 소득은 종합소득세 신고 대상이며, 일정 금액 이상이면 국세청에서 회사에 통보할 가능성이 있습니다.
· 4대 보험 중 지역건강보험료가 추가되거나 사업자 등록을 하면 회사에서 알게 될 가능성이 높아집니다.

3. 개인 사업자 - 혼자서 사업을 운영하는 사람

말 그대로 사업자 등록을 하고 개인 사업자로 활동하는 경우입니다. 반복적이고 지속적인 거래를 하는 경우 개인 사업자를 선택해야 합니다. 연 매출 1억 400만 원 이상이면 일반 과세자로 등록하고, 1억 400만 원 미만이면 간이 과세자로 남을 수 있습니다.

만약 사업이 처음이라면 간이 과세가 세금 측면에서는 유리할 수 있습니다. 일반 과세는 부가가치세율이 10%, 간이 관세는 1.5~4%로 업종에 따라 다릅니다. 그렇지만 각각의 장단점이 있으므로 잘 따져 보아야 합니다. 일반 과세는 세금 부담은 크지만 부가가치세 환급이 가능하며 신용 거래에 유리하다는 장점이 있고, 간이 과세는 세금 부담이 적고 신고가 간편하지만 세금계산서 발급 제한 및 부가가치세 환급 불가 등의 단점이 있습니다.

4. 법인 사업자 - 회사를 설립해서 운영하는 사람

개인 사업자보다 규모가 크고 법적으로 회사가 별도의 존재로 인정됩니다. 법인을 설립하면 세금과 법적 책임도 회사가 부담합니다. 수익은 회사에 쌓이고 이를 회사 대표 혹은 직원에게 지급할 수 있습니다. 법인 설립은 개인 사업자 등록보다 복잡한 절차를 거쳐야 합니다. 법인 사업자는 법인세를 납부하며, 개인 사업자보다 상대적으로 낮은 세율이 적용됩니다.

개인 사업자는 소득이 많아질수록 세율이 최대 45%까지 높아지지만, 법인 사업자는 최대 24%로 제한됩니다. 또한 법인 내에서 이익을 유보하거나 재투자하면 추가적인 세금 부담을 줄일 수 있습니다.

법인세율 예시		법인 사업자가 유리한 점
2억 원 이하	9%	세율이 낮아 소득이 많을수록 절세 효과가 큼
2억 원 초과~ 200억 원 이하	19%	사업 확장 및 투자 유치에 유리함
200억 원 초과~ 3,000억 원 이하	21%	대표자 개인의 자금 관리 부담이 줄어듦
3,000억 원 초과	24%	법인카드 사용 시 사업 경비 관리가 용이함

저는 직장 생활을 하면서 직장인과 프리랜서를 병행하였고, 퇴사 후에는 프리랜서와 개인 사업자를 병행했으며, 현재는 프리랜서이면서 법인 사업자입니다. 직장에 다닐 때는 몰랐던 다양한 경제 활동 형태를 하나하나 알아 가고 있습니다.

개인 사업자나 법인 사업자가 되면 이제 내가 사업자 혹은 회사 대표입니다. 내가 기댈 곳이 없어진다는 점이 나를 불안하게 할 수 있습니다. 그러나 회사에 속하여 휘둘리지 않고, 사업자 혹은 회사 대표로서 내 운명을 스스로

개척해 나간다는 보람도 있습니다.

평생 직장 생활만 했다면 '과연 내가 할 수 있을까?' 하는 생각이 들 수도 있습니다. 하지만 누구나 처음은 있습니다. 모든 직장인들은 언젠가 회사를 나와야 합니다. 그러니 직장인 외 다른 경제 활동 형태에 대해서도 관심을 가지길 바랍니다.

회사를 그만두고 새로운 일을 시작하면 경험도 실력도 부족할 것입니다. 그렇기 때문에 처음에는 프리랜서로 일을 경험해 보고 돈을 버는 업종과 구조, 소득 수준에 따라 유리한 형태를 선택하면 좋습니다.

9

절대로
나를 배신하지 않는
5가지

살면서 나를 배신하거나 실망을 줄 수 있는 것들이 있고, 그렇지 않은 것들도 있습니다. 제가 살아오며 겪은 일을 돌아보니, 어떤 것은 배신할 확률이 높았고, 어떤 것은 어떠한 순간에도 제 곁에 남아 저를 지켜 주더군요. 실망을 줄 수 있는 것과 배신하지 않는 것을 몇 가지씩 뽑아 보았습니다.

1. 실망을 줄 수 있는 것 - 조직

조직은 대체로 회사 생활을 말합니다. 조직에 몸담고 있는 한, 내가 얼마나 잘나가는지와 관계없이 조직이 나를 배신할 가능성은 존재합니다. 정확히 말하면 나를 더 이상 필요로 하지 않을 수도 있다는 뜻이죠. 조직은 언제나 조직의 성장이 최우선 목적입니다. 여러 이유로 개인이 필요 없어지면, 언제든 버릴 수 있습니다.

내가 나이가 들고 경쟁력을 잃어서 버려질 수 있습니다. 조직의 상황이 어려워지거나 조직 자체가 와해될 수도 있습니다. 또는 인사권자가 나를 원하지 않을 수도 있습니다. 그 외에도 수많은 이유로 조직이 나를 필요로 하지 않을 수 있음을 알고 미래를 준비해야 합니다.

2. 실망을 줄 수 있는 것 - 사람

그 사람은 내가 아니기에 우리는 타인을 완전히 알 수 없습니다. 인간관계는 매우 중요하지만, 필요 이상으로 관계에 매달리면 오히려 나에게 해가 될 수 있습니다. 진실하게 관계를 맺되, 타인이 언제든 나를 떠날 수 있다는 사실을 받아들여야 합니다. 이런 말이 있죠. '해가 지면 그림자조차 나를 버린다.' 힘들 때 가장 마지막까지 내 곁에 남는 건 결국 나 자신입니다.

3. 실망을 줄 수 있는 것 - 운

행운을 만났을 때 오히려 몰락하는 사람들을 많이 봤습니다. 참 아이러니한 일이지요. 주식으로 큰돈을 벌어 직장을 그만두었는데 곧바로 모은 돈을 잃은 친구, 그보다 심각하게 전 재산을 잃은 사람 등 운이 가져온 불행한 결과를 자주 보았습니다.

좋은 일이 생겼을 때, 그것이 내 실력 때문인지 단순히 운 때문인지 구분하는 것이 중요합니다. 또한 실력으로 얻은 것이라도 운이 크게 작용했을 가능성을 염두에 두어야 합니다. 운을 내 것이라고 착각하면 인생이 힘들어질 수 있습니다.

반면 나를 배신하거나 실망시키지 않고 곁에 남는 5가지가 있습니다.

1. 배신하지 않는 것 - 교육

내가 쌓아 올린 지식이나 지혜는 평생 나에게 남아 삶을 살아가는 힘이 됩니다. 여기에는 학교 교육, 독서, 사회 경험 등이 포함됩니다. 앞서 말한 나에게 실망을 줄 수 있는 것들이 나를 배신하더라도 나에게 남아 다시 일어설 힘이 되어 줍니다. 바쁜 삶을 살다 보면 교육이 별 의미 없다고 생각될 때도 있으나, 그렇지 않습니다. 내가 가장 믿을 수 있는 것은 내가 받은 교육, 이를 통해 얻은 지식과 지혜입니다.

2. 배신하지 않는 것 - 자격증

세상에는 많은 종류의 자격증이 있습니다. 자격증이 있다는 것은 내가 그 분야에서 경쟁 우위에 있다는 것을 의미합니다. 살면서 취득한 자격증들은 가장 극적인 순간에 나에게 활로를 열어 주기도 합니다.

3. 배신하지 않는 것 - 건강

좋은 식습관과 운동으로 만들어 놓은 건강은 그 무엇보다 중요합니다. 바쁜 삶을 살아가며 건강을 소홀히 할 때도 많습니다. 그러나 건강이 무너지면 모든 것이 무너지죠. 평소에 관리를 잘한다면 건강은 쉽게 무너지지 않습니다. 건강이 무너지지 않는다면 다른 것들이 무너져도 언제든 재기할 수 있습니다.

4. 배신하지 않는 것 - 목돈

저축이나 투자 등으로 만들어 둔 목돈은 현대 사회에서 생명줄과 마찬가지입니다. 사람은 돈이 없으면 살아갈 수 없습니다. 젊은 시절부터 차곡차곡 쌓아 올려 만든 목돈은 (무리한 투자를 하지 않는다면) 절대로 나를 배신하지 않습니다. 나에게 위기가 닥쳤을 때, 내가 모은 돈이 힘이 되고 방패가 되어 줍니다. 목돈만큼 나를 든든하게 지켜 줄 수 있는 것도 없습니다.

5. 배신하지 않는 것 - 취미

취미를 중요하지 않게 생각하고, 심지어 하찮게 여기는 사람들이 있습니다. 하지만 사람은 나이가 들수록 취미가 중요해집니다. 내가 좋아하는 일이 나를 살아가게 합니다. 취미는 삶의 비빌 언덕이 되어 주고, 비빌 언덕이 많은 삶은 쉽게 무너지지 않습니다. 내 삶이 힘들어져도 내가 좋아하는 취미가 나를 버틸 수 있게 해 줍니다.

내 것인 것들은 나를 배신하지 않습니다. 내 안에 쌓이는 것들은 나를 배신하지 않습니다. 반대로 내 것이 아닌 것들은 언제든 나를 배신할 수 있습니다. 우리는 사라질 수 있는 것이 아닌, 사라지지 않는 '내 것'을 쌓는 삶을 살아야 합니다. 이제는 그럴 때가 되었습니다.

10

회사 없는
세계에서 살면 생기는
3가지 자유

    회사를 다닐 때와 퇴사 후의 삶을 비교해 보려고 합니다. 회사를 다니는 동안의 모습은 비슷하지만, 퇴직 후의 삶은 정말 다양하게 펼쳐집니다. 누군가는 은퇴하여 편안하게 쉬면서 여생을 보낼 수도 있지만, 누군가는 아르바이트나 프리랜서 일을 하며 살아갈 수도 있습니다. 누군가는 원하지 않는 일을 오직 돈 때문에 할 수도 있고, 누군가는 자신이 진정 원하던 일을 하면서 돈을 벌고 있을 것입니다.

    회사를 다닐 때의 삶과 비교하여, 회사 없는 세계에서 개인의 삶을 살기 시작하면 생기는 3가지 자유에 대해 이야기해 보려고 합니다. (회사를 그만두고 다른 회사에 들어가는 경우도 있을 텐데, 이 경우에는 그사이 공백기에 가질 수 있는 장점으로 생각해 보시면 좋겠습니다.)

1. 시간 선택의 자유

회사를 다닐 때 월요일 아침은 가장 바쁜 시간이었습니다. 실제로 지하철이 가장 붐비는 시간이기도 합니다. 직장 생활을 하면 가장 많은 사람들이 움직이는 시간에 나 또한 움직여야 합니다. 점심시간에도 사람들로 꽉 찬 식당에서 늘 비슷한 것을 먹어야 했습니다. 퇴근 시간이 되면 건물에서 사람들이 쏟아져 나오고, 거리와 지하철은 금세 혼잡해졌습니다. 가끔 휴가가 있지만 이는 예외적인 상황이고, 대부분 직장인의 시간은 직장에 맞춰져 있습니다.

제가 글을 쓰는 이 시간은 월요일 오전입니다. 사실 이 때 일하지 않아도 전혀 문제가 없습니다. 내가 원하는 시간을 선택해 일할 수 있습니다. 제가 오전에 글을 쓰는 이유는 가장 집중이 잘되기 때문입니다. 저는 오전에는 주로 책을 읽고 글을 씁니다. 오후에는 운동을 하고 영상을 찍기도 합니다. 가족과 함께 여행을 가기도 하고, 아이가 아파 병원에 가더라도 누군가의 허락을 받을 필요가 없습니다. 나에게 내 시간을 선택할 결정권이 있는 것입니다.

2. 장소 선택의 자유

회사를 다니면 반드시 출근을 해야 합니다. 재택근무를 하는 곳도 있긴 하지만 비중이 높지는 않습니다. 대부분의 직장인은 매일 정해진 사무실로 출근해야 하며, 장소 선택의 자유가 없습니다.

반면에, 저는 제가 원하는 곳에서 글을 쓰고 SNS를 합니다. 주로 집에서 일하지만, 가끔 커피숍에 가기도 하고, 작년과 올해에는 각각 동남아와 괌에 가서 일을 하기도 했습니다. 회사를 벗어나면 회사라는 물리적 공간에 얽매이지 않아도 됩니다.

3. 관계 선택의 자유

개인적으로 가장 좋아하는 자유입니다. 내가 싫어하는 사람을 더는 만나지 않아도 되는 자유입니다. 막연하게 생각했던 것보다 관계 선택의 자유가 정말 큰 행복을 가져다 줍니다. 사람은 자신이 싫어하는 사람을 매일 보며 사는 것을 매우 힘들어합니다. 저도 그랬습니다.

회사를 나오고 개인으로 일을 하면서부터는 싫어하는 사람을 만나지 않게 되었습니다. 물론 일을 하다 보면 괜찮은 사람만 만날 수는 없겠지만, 직장에 다닐 때처럼 매일

봐야 하는 것이 아니라, 일시적으로 만나는 것이기에 잠시만 참으면 됩니다. 내가 만날 사람을 직접 선택할 수 있다는 것은 정말 큰 자유입니다.

단, 이 3가지 자유를 온전히 누리기 위해서는 회사를 다니지 않아도 괜찮을 정도의 경제력이 뒷받침되어야 합니다. 아래 3가지 중 하나에 해당되는 경우를 말하는데, 그렇지 않다면 조직에 속하지 않고 개인으로 살아가는 삶에서 장점보다는 단점이 더 크게 느껴질 수도 있습니다. 자유에도 준비가 필요하고, 책임이 필요한 법이니까요.

❶ 충분히 돈을 벌어 놓았고, 퇴사 후 이를 즐길 수 있는 경우
❷ 벌어 놓은 돈에 맞추어 퇴사 후 생활을 이어 나갈 수 있는 경우
❸ 직장을 그만두어도 필요한 수준의 돈을 벌 수 있는 경우

11

회사 밖에서도 잘되는 사람들의 공통점

'배운 게 도둑질'이라는 속담이 있습니다. 대개 부정적인 의미로 쓰이지만, 긍정적인 의미로 바라보면 사람의 기술이나 경험, 습관은 쉽게 바뀌지 않는다는 의미를 담고 있기도 합니다.

이 속담을 직장 생활에 적용해 보겠습니다. 우리가 10~20년 다닌 직장을 그만두고 자신의 길을 걸어간다고 할 때, 내가 어떤 직장을 다녔고 직장에서 무엇을 배웠는지는 생각보다 큰 의미를 가지고 있습니다.

누구나 직장을 떠나는 순간이 있지요. 하지만 직장을 떠난 이후에도 삶은 계속 이어지며, 많은 사람들이 그 이후에도 수십 년 동안 사회생활을 합니다. 퇴직 이후에도 자신의 길을 잘 찾아가는 사람들을 보면 대부분 직장에서 자신이 배운 것을 잘 적용하는 사람이었습니다.

제가 가깝게 지냈던 부장님은 오랫동안 영업 일을 해 왔습니다. 회사를 그만두고 부장님이 찾은 일은 병원 영업입니다. 분야가 달라지더라도 기본적으로 영업 일이라는 것이 통하는 부분이 있을 겁니다. 이분은 평소에 자신이 알던 안마 기기 회사와 계약을 하고, 또한 자신이 알던 의사들에게 영업을 해서 병원에 휴식 공간 서비스를 시작하였습니다. 처음에는 인맥을 통해서 했지만 지금은 노하우가 쌓이면서 하나의 사업 모델로 키워 가고 있습니다.

제가 친하게 지냈던 연구원은 관련 분야로 나갔습니다. 해외의 안전용품을 한국으로 수입해서 판매하는 사업을 시작하였습니다. 직장에서는 안전용품의 인증을 받는 일을 오래 했고, 새로 시작한 사업에서도 인증 업무가 핵심이었습니다. 물론 마케팅, 영업 등의 새로운 일을 배워야 했지만, 인증 업무를 오래 했기에 새로 사업을 시작하는 데 아주 어렵지는 않았을 것입니다.

제가 첫 번째 책을 냈던 출판사에는 직원보다 프리랜서로 일하는 편집자가 더 많았습니다. 책을 만들면서 저자들을 알게 되고, 편집 경험과 기술이 쌓입니다. 이런 인맥, 경험, 기술을 통해서 회사를 다니지 않고도 여러 출판사와 계약하면서 자유롭게 일하는 형태의 업무를 할 수 있게 되는 것입니다. 꼭 회사에 소속되지 않아도 이런 형태의 업무는 얼마든지 가능합니다.

저는 외국계 대기업에서 영업과 마케팅 일을 16년 했습니다. 지금은 작가와 콘텐츠 크리에이터를 하고 있습니다. 분야도 업무도 관련이 없어 보이지만, 되돌아보면 회사 일이 큰 도움이 되었습니다. 회사에서 겪었던 수많은 일들은 지금 제가 이런 글을 쓰는 데 아주 큰 도움이 됩니다. 또한 영업 업무를 하였기에 상대(독자)에 대한 이해의 폭이 넓고, 마케팅 업무를 하였기에 제 글이나 책을 홍보하는 센스를 가지게 되었다고 생각합니다.

이렇게 생각해 보면 우리가 직장에서 얻는 것은 금전적인 보상이나 신용 등이 전부가 아닙니다. 우리는 회사에서 경험 자산을 얻을 수 있습니다. 그리고 그 경험 자산은 우리가 회사 없는 세계에서 다른 직업을 선택하거나 평생을 살면서 사용할 수 있는 무기가 됩니다.

그렇기에 설령 회사가 비전이 없다고 하더라도, 회사가 마음에 들지 않더라도, 회사 일을 대충 해서는 안 됩니다.

회사에서 내가 하는 일과 경험이 내 미래에 어떤 영향을 미치게 될지 모르기 때문입니다.

회사에 있는 시간 동안 의무적으로 시간을 보내는 것이 아니라, 이를 통해 나를 발전시키려는 노력이 필요합니다. 회사를 단순히 시간을 보내는 곳으로 생각하는 사람과 일종의 학교로 생각하는 사람의 격차는, 시간이 지날수록 크게 벌어질 수밖에 없습니다.

물론 회사에서 배울 게 정말 없다는 생각이 든다면 회사를 옮기는 것도 방법입니다. 금전적인 보상이나 지위 등을 떠나서 '내가 무엇을 배우는가'도 직장 선택의 중요한 기준이 되어야 합니다. (생각보다 그런 생각을 하지 않는 경우가 많습니다.)

'안에서 새는 바가지 밖에서도 샌다'는 속담이 있습니다. 회사 일을 잘하는 사람이 퇴사 후에도 성공하는 경우가 많습니다. 일을 대충 하거나 못하던 사람들이 퇴사 후에 성공을 하는 경우는 드뭅니다. 그것이 하나의 태도를 의미하기도 하지만, 결국 회사를 통해서 무엇을 배웠느냐, 못 배웠느냐의 차이도 있을 것입니다.

현재의 직장이 인생의 끝이 아닙니다. 우리는 삶을 살

아가면서 우리가 대부분의 시간을 보내는 곳에 의미를 담아야 합니다. 그런 시간들이 모이고 모여서 미래에 당신을 지켜 주는 무기가 될 것입니다.

12

당장 내가
행복해지는 삶을
살아야 한다

회사를 떠나고 나서 행복하고 만족하는 삶을 사는 분들을 보면 2가지 공통점이 있습니다. 첫 번째는 하루 중 자신이 좋아하는 일을 하는 비중이 높다는 것입니다. 두 번째는 인간관계가 좋다는 것입니다(부부, 자녀, 친구와의 관계 등).

그런데 두 번째를 얻기 위해서는 첫 번째가 필요합니다. 내가 좋아하는 일을 하면 행복하고, 행복하면 주변 사람들에게 친절해집니다. 내가 불행하면 주변 사람에게 불친절해지고, 그들까지 불행하게 만듭니다. 내가 행복하면 주변도 행복해질 가능성이 높습니다.

그렇다면 어떻게 내가 좋아하는 일의 비중을 높일 수 있을까요? 제 지인들의 경우를 예로 들어 보겠습니다.

제 초등학교 은사님 중 한 분은 30년 이상 교직 생활을 하셨고, 지금은 카메라를 들고 남미를 다니며 사진작가 일을 하고 있습니다. 이분은 사진 찍는 것을 좋아했고, 여행하는 것을 좋아했습니다. 교직 생활을 하며 반복적인 일을 하다 보니 답답함이 쌓였고, 결국 먼 나라까지 건너가서 자신이 하고 싶은 일을 하기로 했습니다.

그 사진들을 모아 SNS 등에 올리기도 하고, 사진전을 열기도 합니다. 선생님은 돈을 많이 벌고 있을까요? 아닙니다. 기존에 모아 둔 저축, 연금과 작은 수입으로 일을 이어 가고 있을 뿐입니다. 그렇지만 본인은 그 누구보다 행복한 사람이라고 이야기하고 있습니다.

제가 아는 또 다른 분은 조선소에서 30년 이상 일을 하셨습니다. 그리고 퇴직한 뒤, 아내와 함께 시골로 내려갔습니다. 늘 한적한 곳에서 소일거리로 밭을 가꾸며 사는 것이 꿈이었다고 합니다. 매일을 꿈속에서 살아가니 행복할 수밖에 없겠지요? 이 부부는 지금이 살면서 가장 행복한 때라고 말합니다.

저도 퇴직을 했습니다. 아직 젊은 나이라 완전히 은퇴한 것은 아닙니다. 여전히 일을 하고 있지만, 일의 형태가 바뀌었다고 할 수 있겠지요. 지금은 글을 쓰는 일을 하고, 강연이나 방송도 하고 있습니다. 직장 생활을 할 때보다 더 많은 돈을 벌면서 좋아하는 일을 하고 살아갑니다.

제 주변에도 이렇게 자기가 좋아하는 일을 하면서 회사 다닐 때에 준하는 혹은 그 이상의 돈을 버는 분들이 많습니다. 꼭 직장을 다녀야만 잘 살 수 있는 것은 아닙니다. 내가 좋아하는 일을 하다 보니 실력이 늘어서 잘하게 되고, 이는 수입 증가로 이어질 수 있습니다. 그리고 언제 회사에서 잘릴까 걱정하지 않아도 됩니다.

가장 중요한 것은 내 행복을 우선으로 두는 것입니다. 어릴 때부터 그렇게 했으면 더 좋았을 것입니다. 하지만 대한민국 사람들은 내 행복을 우선으로 두는 것에 서툽니다. 또한 가족이 생기면 자식을 위해, 가정을 위해 일정 부분 나를 희생해야 하기도 합니다.

그래서 많은 사람들이 돈을 위해 행복이나 재미를 포기하면서 살아갑니다. 하지만 나이가 들어서까지 그렇게 해야 할까요? 아닙니다. 나이가 들수록 더 적극적으로 나의 행복을 찾아야 합니다. 내 행복을 우선으로 둘 수 있어야 합니다.

이 글을 읽는 20~30대가 있다면 이런 생각을 할 수도 있습니다. '그래, 그럼 나중에 40~50세가 넘어서 혹은 60세가 되어서 행복한 것을 찾으면 되지. 지금은 열심히 일하고, 돈 벌고 난 다음에 그렇게 살아야지.'

네, 그것도 좋은 생각입니다. 다만 제가 살아 보니 행복도 연습이 필요했습니다. 행복도 행복할 수 있는 사람이 행복합니다. 내가 행복할 수 있는 연습이 되어 있지 않고, 행복할 수 있는 방법을 모른다면, 언젠가 결심한다고 해서 바로 행복한 사람이 되는 것은 아닙니다.

각자 처한 환경이 다릅니다. 어느 정도 돈이 있어야 삶을 유지할 수 있습니다. 행복보다 돈 버는 것이 중요해 보일 때도 많습니다. 하지만 행복을 너무 후순위로 두지 마세요.

사람이 살아가는 이유는 행복하기 위해서입니다. 행복을 미루기만 하면 영원히 행복할 수가 없습니다. 또한 행복을 우선순위로 두면 내 일도 더 잘하게 되고, 더 많은 돈을 벌 수 있는 계기가 되기도 합니다. 퇴사 후에는, 퇴직 후에는, 회사 없는 세계에서는 내 행복을 가장 중요한 목표로 삼아 보세요. 이제는 그렇게 살아 보세요.

— 에필로그 —

회사 생활을
하면서
외로워진다면

　회사를 다닐 때 어느 순간 문득 외로워지기 시작했습니다. 한창 재테크에 열중하던 시기였습니다. 주식과 부동산을 통해서 경제적 자유를 이루기 위해서 노력했죠. 하지만 회사에서는 그런 말을 할 수 없었습니다. 회사 외의 관심사를 이야기하는 것이 약점이 된다는 것을 잘 알고 있었으니까요. 더 큰 이유는 당시 대부분의 사람들이 주식과 부동산에 관심이 없었기 때문입니다. 물론 주식을 하는 사람은 많았지만, 대부분 단타를 하는 분들이었고, 제가 추구하는 장기 투자를 하는 분은 거의 본 적이 없었습니다.

　이후 시간이 조금 지나 글쓰기에 관심을 가지며 매일 블로그에 글을 쓸 때도 마찬가지였습니다. (그때 소재는 주식과 부동산이었습니다.) 회사에는 독서와 글쓰기를 즐기는 사람이 없었는데, 굳이 제가 나서서 그 주제의 이야기를 꺼낼 필요도 없었죠. 제가 블로그 등에서 글쓰기를 하고 있다는 것이 알려져 봤자 저에게 좋은 것은 하나도 없었을 것입니다.

점심시간에는 혼자 조용히 식사를 하기 시작했고, 저녁 회식도 빠지기 시작했습니다. 회사 사람들과 있으면 외로워졌습니다. 함께 있어도 그들의 대화에 끼고 싶지가 않았습니다. 매일 회사 소문이나 개인의 사생활에 대한 이야기였고, 저의 관심사는 전혀 그런 곳에 있지 않았죠.

부처는 이런 말을 했다고 합니다. '무리 속에서 외롭다면 거기가 네 자리가 아닌 것이다.' (부처님 말씀의 현대적 재해석)

그렇습니다. 제가 회사 생활을 하면서 무리 속에서도 외로웠던 것은 제가 다니던 회사가 더 이상 제 자리가 아니었기 때문입니다. 회사 생활이 즐겁지 않고, 비전도 보이지 않으면서, 저는 이미 회사를 제 마음속에서 떠나보냈던 것입니다.

지금은 회사를 그만두고 콘텐츠 크리에이터와 작가 생활을 하고 있습니다. 그리고 저는 같은 길을 걷는 수많은 사람들을 알고 있습니다. 제가 진행하는 모임을 통해서도 수백 분을 알게 되었고, 대부분 연락을 하고 지내고 있습니다. 여러 강의나 출간 등을 통해서 알게 된 분들까지 합하면 회사를 나온 이후 알게 된 분이 수천 명이 될 것입니다.

저는 이 세계에서는 그 누구를 만나도 외롭지 않습니다. 그저 그분들의 이야기를 듣고만 있어도 즐겁고 행복하며, 제 이야기를 나누는 것도 즐겁습니다. 걷는 길이 같기 때문입니다. 부처의 말을 반대로 한다면, 무리 속에서 즐거우니 여기가 제 자리인 것입니다.

당신은 어떠한가요? 지금 당신이 있는 자리에서 외롭지 않고, 즐겁고 행복한가요? 그렇다면 다행입니다. 지금 계신 그곳이 당신의 자리입니다. 하지만 그렇지 않다면, 이제는 당신이 자리를 옮겨야 하는 시기가 온 것입니다. 지금 준비하지 않는다면, 그 시기를 놓칠 수도 있습니다. 준비에는 시간이 걸리기 때문입니다. 당신에게도 당신이 행복할 수 있는, 그런 자리가 허락되길 간절히 바랍니다.